走過風雨的孩子

陳凌軒、鄭美姿 著
芝麻羔 插圖

走過風雨的孩子
作者／陳凌軒、鄭美姿
策劃編輯／伍詠慈
美術設計／陳詩韻
插圖／芝麻羔
出版發行／突破出版社
香港沙田亞公角山路33號突破青年村
電話：2632 0000　傳真：2632 0388
電郵：breakthrough@breakthrough.org.hk
網址：http://www.breakthrough.org.hk
http://www.btproduct.com
承印／陽光（彩美）印刷有限公司
2020年10月初版1刷
2022年12月初版2刷

Teenager Run Through the Rain
by Adeline, Chan Ling Hin & Mei Chi Cheng
First Printing, First Edition, October 2020
Second Printing, First Edition, December 2022

Printed in Hong Kong
ISBN 978-988-8562-34-3

書中疾病解説部分由善牧會瑪利灣中心臨牀心理學家陳美儀博士撰寫，特此鳴謝。

誠邀閣下就突破出版社的書籍發表意見

歡迎加入突破書籍 Facebook page — http://www.facebook.com/btbooks.page

本書採用環保油墨印刷

心　靈　地　圖

目錄

序一：陪伴和愛，為孩子療傷

早於六年前（2014 年），善牧會、播道兒童之家及寶血兒童村三所院舍，為院內不少因家庭影響、身心創傷，而急需更多專業人士幫助的孩子，携手合辦 Right Care，Right Time 計劃（簡稱 2Rs），透過社署及慈善機構的資助，以社醫合作模式，為入住孩子提供更全面更適時適切的全人照顧。

為見證此計劃的成果，本書不僅記述了十個院舍孩子心靈承受的傷害及掙扎，更重要的是看到院舍職員及 2Rs 跨專業團隊，如何從孩子與家人的情感糾纏，及孩子情緒行為表現中，耐心地找出他們內在的傷患，然後以陪伴及真誠的愛，為孩子的身體及心靈敷藥、包紮。看到孩子身心治癒，生命跨越受傷經歷而轉化、躍動，我們有無言的喜樂及鼓舞。相信每位細閱這些孩子經歷及感受時，一方面可以更了解家庭對孩子成長的深邃影響，同時，也為這些展現了堅韌生命力的孩子而感恩。

2Rs 計劃開展初期，也像一個初生嬰兒，不斷探索外在世界的需要，由零開始去逐步嘗試，至現在已完成第二期。前面的經驗讓我們再次肯定，兒童及青少年院護服務未來的照顧方向，需要跨專業的團隊，以適切及適時的全人照顧方式，關顧身心靈受傷害的孩子，讓他們早日獲得療癒，重獲健康成長的機會。

2Rs 已滿六歲，能健康穩定地不斷發展成長，有賴三所院舍的同工對孩子不離不棄，以及播道醫院醫護團隊的專業服務。衷心感激背後一直信任我們，支持我們的主要贊助機構「陳登社會服務基金會」，亦感謝「黃廷方慈善基金」的贊助。這書記錄了孩子成長的歷程，見證了 2Rs 計劃全人照顧、全人醫治的方向成效，我們深信往後不同專業將繼續攜手協力，必有上主的帶領與祝福，讓這計劃進入另一個持續發展階段，且能惠及更多院護服務的兒童及青少年。

願主福佑大家身心靈安康！

高冠群修女

寶血兒童村機構負責人

2Rs 督導委員會主席

序二：憑着愛，不讓孩子迷失

陳登社會服務基金會自2014年開始認識和資助Right Care, Right Time計劃（2Rs），對這計劃的理念十分肯定和認同。無可否認，對問題兒童及青少年提供適切適時的介入，防患於未然，避免問題惡化，遠勝臨渴掘井。有美國研究指出，有童年創傷經驗的孩童較一般家庭成長的孩童容易染上惡習，如上癮問題、濫交、未婚懷孕等。我們見證寶血兒童村、播道兒童之家及善牧會三所院舍，以跨專業團隊的專業和愛心為孩子護航，是兒童及青少年院護業界的新嘗試。在第一期計劃於2017年完結後，我們決定繼續資助第二期計劃，讓有需要的孩子得到適時適切的照顧，健康成長，從家庭不幸的陰霾裏走出來，從人生低潮中站起來，擁抱一個正面的人生態度，積極面對矛盾、困難和逆境，不再迷失。

我們見證受助的兒童及青少年在身、心、靈上，以致家庭關係上得到改善，深感欣慰。家庭是孩子成長的基石，亦是社會的核心，當有不幸的家庭需要扶持時，院護服務接待和培育這些受創的孩子並給予全面發展的機會，為他們造就健康成長的環境，發揮所長，融入社羣。

我們深切盼望社會大眾能了解適切適時介入的理念，並認同及早介入是改善問題的黃金機會，好讓更多院舍兒童及青少年獲得相同的服務。我們更希望政府能投放更多資源，讓適切適時及早介入的服務能更廣泛有效的展開，由根本着手，防患於未然，把資源放在關鍵位上。

陳登社會服務基金會由先父陳登先生於 1997 年成立，在這二十三年來，基金會懷着愛心，以「取諸社會，用諸社會」為宗旨，致力資助國內和香港教育、醫療、家庭、青少年及長者等多方面的社會福利、慈善及公益工作。今次再度參與 2Rs 這個有意義的計劃，我們都懷着期待感恩之心。在這裏，謹祝 2Rs 計劃百尺竿頭，更進一步，讓更多有需要的兒童及青少年，踏上他們光明的成長路，活出屬於自己的精彩人生。

陳玉坤女士

陳登社會服務基金會

專家感言一：使命廣傳　孩子受益

每一個兒童 / 青少年的身、心、靈要得以健康成長，有賴在適當的成長階段，獲得適當的照顧！而要獲得優質適時的照顧，有賴安全、關愛的環境和鍥而不捨的照顧者！

在世界人權宣言和有關人權的兩項國際公約中聲明：兒童有權享受特別照料和協助，並指明家庭為社會的基本單元，作為家庭所有成員、特別是兒童的成長和幸福的自然環境，應獲得必要的保護和協助，以充分負起它在社會上的責任。

聯合國憲章重申對基本人權和人格尊嚴與價值的信念，特別是在和平、尊嚴、寬容、自由、平等和團結的精神下，撫養孩童成長。

聯合國兒童權利公約已於 1994 年（約二十五年前）由港英政府延伸至香港特區。1997 年香港回歸祖國後，中國繼續延伸在港公約，並定期向聯合國匯報，承諾以一切合法的方法，維護兒童最大的利益。

香港約有 120 萬十八歲以下的兒童 / 青少年！有生活富足的，衣食、居住、經濟無憂，課外活動繁多，旅遊見聞甚廣。

但有些兒童卻生活在困難重重的家庭，父母或從小受虐待或經歷上一代疏忽照顧，他們用同樣的方式對待孩子。父母縱使有時並非蓄意，但潛移默化蠶食他們子女的意識及意志，有意無意影響孩子，陷入抑鬱、煩躁、忿怒的狀態，對人猜疑，為人變得消極、負面。

在這些孩子最無助、無奈的時刻，Right Care, Right Time，跨界別院護人員的出現，帶來悉心的照顧！

Right Care, Right Time！一個嶄新的全人兒童院護服務，跨界別的協作，包括家庭醫生、精神科醫生、心理學家、輔導員、社工、院舍職員，他們為兒童 / 青少年付出的愛心、決心、忍耐和努力，使面對不同的危機和挑戰的兒童及家庭，能重獲新生，享受幾乎消失的和平、尊嚴、寬容、自由、平等和團結的精神。

書中的十位主角，他們眼中的世界和內心世界、他們有血有淚的生命故事，叫我們了解，在院舍中，接受服務的孩子，他們生活中遭受的困苦，背後的人和環境，如何影響他們的人生觀和生活的方式。

Right Care, Right Time 工作者的理念、方法和不離不棄的引導，使失控的孩子漸漸安靜下來，使被離棄的品嘗關愛的滋味，使孩子學習認識、接納和珍惜自己。最重要的是孩子的家也開始改變，照顧者在混亂無常中學習紀律，心境情緒漸趨穩定，幫助孩子走過泥濘，讓他們終於可以回家！

深盼這些以關愛、忍耐和智慧積聚的經驗，使社會有深入的反思，以行動落實預防勝於治療，在社會政策、法例、教育、制度和親子教育上更清晰和進取，與家庭共同建立穩固的根基，讓兒童 / 青少年從少獲得珍惜和優質照顧。在家長、師長、長官等身上，在家庭及社會不同的角落，能找到兒童 / 青少年正向學習的典範，使每個人與生俱來的人權，得以充分被認許和尊重！

但願 Right Care, Right Time 的使命廣傳，更多孩子因此得益！

雷張慎佳女士，BBS
香港兒童權利委員會主席
香港兒童事務委員會非官方委員
第二屆香港人道年獎得主

專家感言二：從受傷到痊癒

人為萬物之靈。但萬物中，人類的幼兒卻特別脆弱，一定要依賴成人提供的餵養、照顧和保護，才能健康成長。然而有些孩子自出生以來，就沒有機會得到適當的照料，有些更未能在身心安全的環境下長大，甚至要像人球般，經常要轉換住宿的地方，由不同照顧者照顧。不同照顧者在兒童保育方面的知識、技能和資源參差。萬一照顧者自身有精神心理或成癮等問題，甚至有犯罪歷史，更可能令受照顧的孩子受驚或受到虐待，造成長遠的心靈創傷。

多年以來，寶血兒童村、播道兒童之家及善牧會，從一些有困難的照顧者手中，接待了很多經歷不少身心靈創傷的孩子，保護和養育他們，讓他們接受適切的教育和培訓，踏上比較健康的人生路。

是什麼使那些被送入這三所兒童及青少年院舍的孩子從抗拒無奈、憤怒憂鬱，變成愉快自信，希望發揮自己，準備高飛的年輕人？是什麼幫助他們擺脱了別人對自己，和自己對自己的歧視，重新聚焦於自己的才能和優勢，努力向更高的目標進發？

院舍各單位除了提供常規的兒童及青少年住宿和教育服務外，近年還成功啟動了一項卓有成效的 2Rs 計劃，為某些適合接受該服務的孩子提供適當的評估和治療，更深入全面地扭轉他們坎坷的生命，讓他們有機會活得更精彩。

本書記載的多個真人真事，展示 2Rs 計劃是一個很有規模的項目。在多個專業團隊的定期及有規劃的介入下，令許多孩子的生活態度和方式，徹底改善。2Rs 計劃重要的成功策略包括：

1. **以人為本**：書中多位主人翁不謀而合地欣賞 2Rs 團隊用心聆聽他們的心底話，真正嘗試尋求深入了解和接受他們，耐心陪着他們從當時的處境出發，一同尋找出路。

2. **服務整全**：跨專業團隊由家庭醫生、精神科醫生、臨牀心理學家、社會工作者、老師、家舍職員和其他支援工作人員組成，全方位用心盡力地與這些受驚受傷的孩子建立關係，讓他們重新學習信任別人，放心分享，繼而打開心鎖，得到療癒機會。

3. **多元介入**：團隊人才濟濟，各擅勝長。有耐心聆聽者、有遊戲王、有專門運用表達藝術進行治療的專家、有廚藝高手、有可以貼身又貼心地和孩子們建立關係的照顧者，身體力行地為孩子們重建健康的人際關係，為修補複雜破碎的家庭關係鋪路。團隊精確的評估，更可以掌握孩子個人的特殊成長或教育需要，以便對症下藥。

4. **儘早介入**：準確的評估，適切的專業資源，才能為孩子提供質量俱佳，身心靈兼備的整全治療及培育。例如團隊發現孩子患過度活躍症，便馬上為孩子提供所需的藥物和行為處理方案。孩子服藥後，不但覺得自己可以安靜專心，正確的診治和解說，也令孩子和別人明白孩子不是蓄意搗蛋，只是在自我控制較困難。弄清了問題的來龍去脈，孩子自然心安理得，樂意接受幫助。

5. **發揮強項**：將介入策略從處理孩子的問題轉移到發掘孩子的強項和優勢，不但讓孩子們更全面地認識自己，更為他們提供了更多可能性，療癒創傷，邁向成功。

6. **舍家合作**：儘管許多孩子的原生家庭困難多多，傷痕纍纍，但院舍仍然明白許多孩子們還是念念不忘自己的根。團隊重視幫助孩子和原生家庭重建關係的機會。書中不乏個案，讓孩子成功地在原生家庭找到可信可靠之人，或者成功處理家庭中的創傷，讓孩子和家人可以團聚或復和，從此享受健康快樂的家庭生活。

儘管有些孩兒比較不幸，要在困難的環境中成長，可幸三所院舍仍然能夠為他們提供避風港，讓他們找到立足點，為自己開拓前路。再加上 2Rs 項目的成功，更啟發了兒童及青少年服務的新方向。深信此書不但記錄了很多精彩的成長故事，更帥領了未來的兒童及青少年服務，向更創新、更有效的方向進發！

曾潔雯博士，太平紳士
香港大學社會工作及社會行政學系副教授
註冊臨牀心理學家、註冊社會工作者
香港兒童事務委員會非官方委員

專家感言三：面對精神健康成長挑戰的他

能夠讓成長中的孩子擁有精神及心理健康，並不是一件容易的事。世界衞生組織説：「沒有精神健康，就沒有健康」。所以，讓孩童在精神及心理上健康成長是多麼的重要。

不少研究發現，於兒童及青少年期擁有穩定的情緒，將來產生精神疾病的機率相對地會減少。

在成年人精神疾病成因研究中，有相當多的報告都指出，患者在童年或青少年期的經歷或精神心理狀態，都能成為病發的極大誘因。他們在小時候的經歷（例如被虐待、受創傷）、情緒狀況（如常表現焦慮、抑鬱）、和父母的關係（包括安全感的建立、鼓勵與責罵的經歷）等等，均構成他們在成長後會否誘發精神病的原因。

多個不同國家的學者，從事一些跟蹤成長的研究，在過程中觀察到，如兒童在年幼時，遇上焦慮、抑鬱，又或有反叛和其他暴力性行為，在成年後，患有精神疾病（尤其是焦慮症或抑鬱症）的機會都會倍增。

每個孩童都有他們自己天生的氣質，身體狀況都不一樣（例如高度、體力、聽力、視力），又或腦部不同部位發育成長之成熟速度皆有異。

根據一些研究，發現超過百分之五或以上的孩童，其腦部不同部位會出現不同的發展障礙（例如智力障礙、自閉譜頻障礙、讀寫障礙或專注力不足過度活躍障礙等等），而導致兒童在成長期間較容易產生情緒上，學習上及 / 或社交上的障礙。

在這情況下的孩子，不用多說，父母的管教及照顧，培育子女去克服他們的障礙，肯定扮演十分重要的角色。

要明白父母能否擔起這重要角色，也要明白父母本身面對的不同困難。包括父母自己成長的背景、個人的性格、個人情緒控制的技巧、管教方式等等。當然父母二人能否彼此合作、婚姻關係是否良好，又或面對實際生活環境的困難（例如金錢、住屋、工作、支援系統等等），均會影響培育兒童健康成長的能力。此外，若父或母患有精神疾病，養育孩童便倍感困難。

舉一個例子：父親在小時患有專注力不足過度活躍症（ADHD）。在他童年期，疾病未被老師和父母正視。他的不專心、坐立不定、衝動行為，都被所有人視他為一位蠢、不聽教、頑皮、無藥可救的孩童。當然，成績低、行為表現差，自然會常常被人責罵。因而缺乏自信心，經常處於焦慮不安的心理狀況。因他的急躁衝動，不受朋友歡迎，常被拒絕，也因此在不開心的情緒下成長。

成長後的他，多動或不能專注的癥狀會減少（不是完全消失），但他們的衝動往往都比一般人多（包括決定上的衝動、情緒控制方面的衝動）。很多研究發現，他們往往在未有足夠的預備下結婚生子。因着衝動，常常與人不和，常常轉工，收入不穩定，晉升也困難。而且，因衝動下結婚，婚姻關係本身也不穩定。在感情未穩定下生下兒子。因遺傳的因素，生下的兒子有三分一機會有 ADHD。本身衝動，容易焦慮（甚至患有焦慮症），急躁情緒控制比較弱的爸爸，工作經濟不穩定，夫妻之間容易磨擦，在管教有 ADHD 的孩子時，問題變得更嚴重，直接影響兒子的心理健康成長。這樣，又會否將問題由一代傳到下一代？

因此，要讓兒童在精神心理健康成長，真是一件不容易的事。父母首先要察覺自己的精神心理是否健康，然後再談談如何建立能讓孩童健康成長的家庭環境及管教方法，再談如何及早發現孩童在發展上有沒有障礙，然後如何找到恰當的解決辦法。

這是一個極複雜的過程。不是一個人可以解決。父母共同合作，聽取及找尋朋友家人的協助，在學校與老師保持良好的溝通，如有需要及早找專業人士商討，共同找出最好的方法，讓孩子能健康成長。

「沒有精神健康，就沒有健康」是很值得三思的道理。讓孩子在小時候有健康精神及心理成長，到他們長大後，患有精神疾病的機會就會減少。防患於未然。

楊明康醫生

播道醫院精神科專科

走過風雨的孩子

放下洋娃娃

泡泡

撰文：陳凌軒

「你幹嗎打人呀？」有人見到泡泡打人，立刻跑去向兒童院舍的姐姐報告，家舍姐姐隨即放下手邊工作，跑到泡泡身邊。家舍姐姐慢慢地蹲下來，她知道泡泡嚇不得，不可以讓泡泡感到被攻擊，於是她放輕聲音，「你知道打人不對嗎？」家舍姐姐柔聲探問。

但泡泡完全沒有反應，呆若木雞。

社工形容，泡泡承受壓力的能力極之微弱，只要出一點點狀況，整個人就會完全僵住，木無表情。這刻的泡泡猶如驚弓之鳥，眼神慌慌張張、答案模稜兩可。如果不肯定答案對不對，她會完全緘默；如果不肯定做不做得來，她會完全靜止不動。

亂糟糟的童年

泡泡住進家舍之前，生活在一個亂糟糟的環境。泡泡自幼稚園開始，已經常常缺課，曾經整整一個月都沒有上課。一片混沌的媽媽，總是有點迷迷糊糊。泡泡換過好幾間幼稚園，也住過不同的寄養家庭，她偶而還會混在一堆戒毒者中間。

父母均有濫藥的情況，所以在孩子的情感上及精神上都缺席。即使母親看起來頗疼愛女兒，卻可能因濫藥的緣故，母親的理解及認知周遭的能力大受影響，甚至連照顧自己也有一定困難，遑論要照顧一個孩子，即使有心，也完全無力。

每次換季，社工接過媽媽給泡泡準備的衣服，總是會皺眉頭：「媽媽帶來的尺碼永遠太小，泡泡根本穿不下。」

當社工告訴母親，學校要交車費啊、飯錢啊什麼的，媽媽統統交不出來。

對濫藥的父母來説，照顧孩子很不容易。單單是讓孩子有飯吃、有衣穿、有課上，父母常常都力有不逮。

沉默的孩子

唸幼稚園的時候，老師曾經懷疑泡泡會否有發展遲緩的問題，因為她表達自己的能力很差，能運用的詞彙數量遠低於同齡孩子。

小學一年級，泡泡幾乎整個學年都沒有上學。這引起了社署的關注，介入並評估後，遂把她送往兒童院舍。

起初媽媽不肯放走泡泡，社工花了九牛二虎之力説服媽媽後，輪到泡泡不依，怎麼都不肯離家。經過好幾個月的角力，拉拉扯扯的，才把泡泡送進兒童院舍。

泡泡的懷中，總是抱着一個洋娃娃，抱得緊緊的，甚至上學也抱着。她絕不讓人碰這隻洋娃娃，甚至不讓家舍姐姐清洗這隻已經很髒很舊的洋娃娃。彷彿，這隻受驚的洋娃娃就是她自己，她要緊緊護住自己受驚的部分。

入住家舍之後，家舍姐姐持續用心的陪伴泡泡：「好不容易呀，我用了整整一個月才終於讓她稍稍放鬆，開口回我一些話。」

家舍姐姐說，要得到泡泡的信任一點都不輕鬆。彷彿從未感受過安全感為何物的泡泡，要家舍姐姐以加倍的耐性去融化：「我很努力地讓她知道，即便她不夠好也沒有所謂。即便她會犯錯，我們也不會打罵她。」

家舍的生活讓她可以穩定地作息、生活有明晰的界線、足夠的健康食物、乾淨合身的衣服。這些簡單的事物，都是她之前沒有經驗過的。

緩慢地建立的安全感

看着惶恐不安的泡泡，社工知道她急需要更多的心理支援，遂趕緊安排泡泡參加 2Rs 計劃，讓泡泡可以穩定地見臨牀心理學家 May 姑娘。

對任何陌生環境都顫抖焦慮，泡泡初見陌生的心理學家時，也得花了幾個月，在好不容易跟她混熟了的社工緊緊陪伴下，才能相見。

臨牀心理學家 May 姑娘還清楚記得第一次見泡泡時她的模樣。泡泡很安靜，很害怕，與她完全沒有眼神接觸，問她什麼，她只是很輕很輕的點頭或搖頭。

因為泡泡實在嚴重缺乏安全感，所以早期的治療，儘量緩慢而輕鬆。最初的時候，會讓她緊抱着洋娃娃，談天說地，玩玩遊戲，然後陪她吃吃茶點。

「首要，是幫她建立安全感。」May 姑娘說。

對於這個孩子，即使只是讓她認識人與人之間的一般溝通模式，讓她感受到愛可以如何雙向地流動，已是治療很重要的一環。

後來，May 姑娘用簡單的遊戲，讓泡泡在遊戲中表達自己的想法。May 姑娘描述：「泡泡說的句子，總是很簡短，會用的字詞也非常貧乏，故事創作的主題多數單調而有點乏味。」泡泡編的故事，內容多數是說一個拯救者出現去救受害者，重重複複，變化不大。

但 May 姑娘強調：「泡泡的認知完全沒有問題啊。」

May 姑娘之所以這樣說，是因為學校一度懷疑泡泡有發展遲緩的問題，她也有放在心上，一直慢慢察看。但持續的觀察後，May 姑娘認為，由於泡泡能說的句子短，又欠詞彙，確實容易被誤會為發展遲緩。但她沒有字句表達自己的真正原因，並不是智力出了問題，而是從小欠缺適當的外界刺激。

沒人會對她說話

人類的學習模式主要是透過模仿。但從出生開始，媽媽就甚少對泡泡說話。由於沒太多機會聽，沒太多機會說，沒太多機會練習，沒太多機會與不同人相處，泡泡一直沒有機會學到什麼新的字詞，所以在語言運用上比一般人慢。而且媽媽沒注意到社羣互動的重要性。所以，即使她有時學了一些新的字詞，也沒有機會練習與人溝通。這樣的生活環境，令她說話的能力彷彿停滯不前。

「泡泡並非天生的發展遲緩，只是後天沒有給她正常的環境去發展，以致她一直比同齡孩子的發展滯後。」May 姑娘說。

母親照顧小寶寶時，需要面對孩子不斷的改變、持續的發展狀況。由零歲到六歲，每一年甚至每一個月，小孩的情感需求都不同。最初只能哭泣表達，媽媽要去猜，那哭泣是肚餓還是排便了。後來連ＢＢ話也要用猜的。到真的會說話了，也未必能直接表達出需要。作為母親要花很多心思作出無盡回應，責任一點都不簡單。可是泡泡的媽媽，鮮少讀懂泡泡的真正需要，多半以為泡泡需要擁抱，於是老是去抱她，覺得這樣自己已經盡了力。

「但其實，反而是泡泡在心理上照顧媽媽的多，小小的眼睛已經在觀察媽媽需要什麼。有時，可能反而是媽媽需要擁抱。」May 姑娘說。

孩子，尤其是嬰兒時期，起碼要有最少一個照顧者，在她需要的時候，聆聽及了解她，回應及幫助她，她才能建立健康的依附關係。萬一媽媽的回應是混亂而不一致的，孩子難以安心向外探索環境。

在家時，泡泡一直忙於照顧媽媽，她跟媽媽的界限始終糾纏不清，於是難以邁開自己的成長步伐。

May 姑娘持續見了泡泡一段時間之後，泡泡終於安心下來。

漸漸，不用社工陪伴；漸漸，不用洋娃娃陪伴；漸漸，笑容多了起來。

「小孩子真的非常需要一個可預期的環境去建立安全感。」May 姑娘說，簡單如知道自己每天什麼時候有飯吃，什麼時候可以玩耍，都非常重要。而家舍提供了這樣一個穩定的環境，讓泡泡漸漸建立安全感。

自從進入家舍並開始了心理輔導，泡泡終於有機會繼續成長。

泡泡的智商不但沒有問題，當她的安全感建立起來後，社工更發現，她其實頗聰穎，是那種不需很用功讀書，就可以達中等成績的孩子。「偶然，還會取得一百分呢。」社工說，「她是一個很自律的孩子，把自己的衣櫃執拾得乾淨整齊。」

家舍及時把她接了出來，讓她在一個穩定的環境中長大，她終於能發展自己。

每次回家都倒退

不過，每當回家度假後，泡泡卻會出現嚴重的倒退情況。

在家舍很安靜的泡泡，回家會變身成為一個小女王。

「我在家舍吃過一種紅色的零食，很好吃，你去給我買回來。」泡泡會趾高氣揚，霸氣地命令母親。

「是怎麼樣的零食呀？」媽媽低聲下氣的問。

「不知道，總之你去買。」泡泡抬起下巴，一副唯我獨尊的模樣。

無助的媽媽六神無主，只好打電話回家舍，向社工詢問究竟泡泡吃過什麼紅色的零食，好伺候家裏的小女王。

是的，一回到家，泡泡彷彿就會無法自拔地向媽媽提出不同的要求。

泡泡說：「我要飲水。」媽媽急急忙忙把水端過來。

泡泡說：「我要玩平板電腦。」媽媽立馬把平板電腦雙手捧上來。

泡泡說：「我睡着時，你要一直坐在我旁邊，一直看着我。」媽媽毫無怨言就坐到天亮。

有一次，母親因為服用了安眠藥，睡過了頭，沒有叫醒泡泡，以至泡泡錯過了學校活動。泡泡氣得七孔生煙，吵吵鬧鬧，亂發脾氣，行為倒退如嬰兒。媽媽慌張地完全不知道該如何應對。

「媽媽連帶她上學也成問題。」社工說她回家期間不但不時缺課，度假完畢，媽媽應該要帶她回家舍，而媽媽總是難以叫得動女兒回家舍，有時還得要社工協助才把泡泡接回家舍。

每次回家度假均連連出現狀況。而且，社工總是一再被「回來的」泡泡嚇一跳。

「她身上會發出一陣異味，頭髮好油好油，臉色則蒼白如紙，黑眼圈極大如洞。」回來的泡泡總會很自覺的一連洗兩次頭。而且她彷彿被餓了三天三夜，會狼吞虎嚥地吃飯。晚上甫上牀，倒頭即睡。

究竟這小女孩回家的日子是怎樣過的呢？

沒有人知道。

由於每次度假，日常生活甚至上學流程都被嚴重干擾。加上度假之後，又常常搞得回不了家舍。這樣持續的拉扯，對泡泡的身心健康也沒有好處。於是，家舍先別讓泡泡度假一段時間，待她的狀況更穩定後才再回去。

愛是兌現承諾

在家舍裏，家舍姐姐不但持續地用耐心與愛心去感染泡泡，也用承諾去穩定她。

有一次，家舍姐姐特別為孩子們做了可樂雞翼。偏偏，泡泡生病了不能吃，好不失望。家舍姐姐承諾，等她病好了，一定再做給她吃。日子一天一天的過去，泡泡沒哼過一聲，沒催過一句。後來，家舍姐姐真的給她做了可樂雞翼，她邊吃邊説：「你真的有記住。」

家舍姐姐也驚訝，原來泡泡一直把這件事放在心上，沒有出聲；但她在心裏暗暗揣摩着，大人説的話算數嗎？

或許，當她發現原來真的有大人是説話「算數」的，她對身邊人的信任，也就這樣在生活中一點一滴建立起來。

在家舍，泡泡開始學習用一個新的眼光去感知這個世界。社工説，有一次，一個女孩子碰了泡泡一下，泡泡大發脾氣：「她打我！她打我！」社工耐心地對她解釋：「這不是打你，她這樣輕輕拍你一下，是表示她想要跟你玩。」泡泡打開眼睛，帶着好奇去學習人際間的身體語言。

幸好，她年紀還小，復元得算快。

家舍姐姐記得一個畫面，煮食時，泡泡負責量食物的重量。她把食物放在電子磅上，看看磅數，不對，遂把食物拿掉一些；看看磅數，又不對，於是又補一些。不住的加加復減減，為求量出百分之百完美的磅數。

「差一點點沒關係。」家舍姐姐溫柔地提點。

起初她聽不進去，但在被照顧與關心的環境下，泡泡慢慢內化一些對自己的愛與寬恕。

基本上什麼都吃的泡泡，不知何故，怎麼也不肯吃西芹，這教社工非常納悶。但社工知道問也問不出原因，只好放在心上。

時光荏苒，漸漸建立了安全感之後，泡泡終於對社工説出原因：「以前，有個寄養家庭不斷迫我吃西芹，吃得我怕了。」

話説出來了，情感流動了。

因為泡泡一直不太説話，社工看到她終於能表達自己，特別感動。

回家的一天

幾個月後，家舍讓她再試着回家。到了要離開家時，她沒有再跟媽媽難捨難離，可以按時回到家舍來。

家舍姐姐説：「可能是她自己心理更穩定了，在家舍既有朋友一起玩，又有好吃的食物可以吃飽飽，與媽媽那愛恨交纏的狀況就沒有那麼糾結了。」

漸漸，泡泡似乎也變得不特別想回家。因為她雖然想要跟媽媽互動，但媽媽只一味給她平板電腦；有時，爸爸會帶她外出玩，但是主要是給她買玩具。

然而在家舍，泡泡發現了更多與人互動的方式，更真切、更實在、更動人。

May 姑娘說：「幸好，有人及早把泡泡帶到一個較穩定的環境。畢竟長期的疏忽照顧，其實會比單次的創傷，後果更嚴重。」

泡泡在家舍不同專業人士的悉心照顧下，也漸漸跟得上同齡孩子的成長步伐。

人輕鬆了，內心穩定了，就不用時刻抱住那洋娃娃。洋娃娃在家舍姐姐幫它洗澡及曬太陽後，煥然一新。

泡泡的現況

泡泡因家人濫藥，疏於照顧，自幼便入住不同院舍或跟隨不同的照顧者。雖然有些孩子也有類似經歷，但泡泡特殊的情況是，她的適應比較慢，依附問題嚴重，影響學業。原因是泡泡自幼時便經歷與母親分開，產生了分離焦慮。更嚴重的是泡泡每次回家度假後，不願回家舍亦不願回校，問題棘手。而且她會説的詞彙不多，學校一度以為是發展遲緩。事實是她害怕嘗試接觸新人新事，寧願不動不語。

經 2Rs 家庭醫生轉介心理學家，輔導至今已一年多（截至 2020 年 3 月），輔導內容主要是建立她的安全感，並幫助她學習從遊戲中表達；好不容易，媽媽也試過一起接受輔導。

經過社工及家舍職員循循善誘，鼓勵嘗試，泡泡一步步踏出「安舒區」。社醫合作下，孩子的問題大有改善，能展開笑容，與其他孩子一起玩，懂得更多表達，甚至回家後亦沒那麼難捨難離，能按時回舍回校。

依附障礙症

依附關係，意即在嬰兒出生後，與母親或主要照顧者最早建立的關係。這關係會影響嬰兒往後的人際關係、情緒，如信任或安全感、人格形塑等。依附障礙的形成源於孩童從小未能與父母建立安全的依附關係。要是這關係未能得到適當處理，長大成人後也會受到影響，如跟同輩關係較差、較少密友、缺乏自信等。

由療癒孩子到療癒爸爸

川仔

撰文：陳凌軒

「你很喜歡玩車嗎？」

「好明顯啦！」

「你對這遊戲室很熟悉啊！」

「好明顯啦！」

「你對車的認識比我多很多呢。」

「好明顯啦！」

在遊戲室見面的半小時裏，川仔說最多的就是：「好明顯啦！」

是的，在八歲的他身上，有些特徵其實是很明顯的。

他停不下來，這是過度活躍的特質，他對排序沉迷，是自閉的傾向，還有，他對第一次見面的人充滿戒備心。

有些特徵雖然並不是很明顯，但若果用心感受，還是會感受得到。例如，他對被疼愛的強烈渴求。在他測試我、反對我、取笑我的同時，我隱約接收到另一個訊息——你可信嗎？如果你待我好，我很想與你連結。

我可以信你嗎？

川仔是一個在肢體暴力和語言暴力中長大的孩子。一個由暴力餵養長大的孩子，要學習與人連結，註定是一輩子艱澀的功課。

於是，他總是比較喜歡獨處。

孩子們向他招手：「要一起玩閃避球嗎？」川仔搖搖頭。他寧願一個人拍球也不想進入人羣當中。

怎樣與人相處才是合適的？如何才能不傷害人又不被傷害？他心裏沒有底。一個人始終最安樂。對陌生人，當然更加避之則吉。

川仔進行遊戲治療時所演繹的故事，教人心痛。

有一次，遊戲説到要去洗澡，川仔堅持：「要戴了頭盔才可以去洗澡。」院舍輔導員不禁聯想，在洗手間，曾經有發生過什麼暴力事件嗎？

又有一次，拿着洋娃娃講故事，川仔把消防車的雲梯拉得高高的，他説：「萬一有什麼狀況，可以從這兒逃走。」腦袋裏有個聲音提醒他，隨時要準備好逃走。

故事創作，從來就是來自生活。而小孩的故事創作，是最能窺見孩子內心世界的窗口，比他平時說的話更誠實。

如何避開危難，是川仔由出生開始就得時刻警惕着的。會弄傷他的人，就在家裏。那人有時抱他、有時罵他、有時打他——永遠不知何時爆發。

絕情的爸爸、暴烈的爸爸

對自己的父親，川仔每天抬頭凝望。今天，會有一些愛分給我嗎？像個火山的爸爸，卻每每令川仔失望。

爸爸動輒就會對川仔說：「我以後都不要見到你。」

要求很高的後母在川仔做得不好的時候會說：「以後都不讓你回家。」

總有那麼一些父母，輕易地說出「以後」。

說的時候，大概覺得「以後」夠強硬夠兇，對孩子有恐嚇之效。然而，孩子接收到強烈的絕望與不安之後，行為不一定會變好，但發展出對世界的益發不信任卻幾乎是可以肯定的。

而且，當父母說出「以後」之後，其實並不怎麼可能「以後」都不見他。言行明明無法一致，但仍然衝口而出，那大概不是理智指使的訓話，而是某種習慣或潛意識的驅動。會不會是因為他們的父母也曾經這樣對他們説話？

川仔的爸爸對川仔的爺爺十分抗拒，成見很深。

爸爸用盡方法阻擋爺孫見面。爸爸有爸爸合理的原因：「小時候我所受的罪，我不要孩子再受一次。」

曾經，川仔的爸爸曾遭嚴重虐打。基於愛護孩子的心而隔開爺孫，完全可以理解。

然而，當壯漢成了老人，在時光長流中，走過春華秋實到達冬藏，漸漸走出了另一個角色，演變出另一副人格結構。垂垂老矣的爺爺，如今念茲在茲的，就是這個孫兒。他萬分疼愛，甚至可以説是縱容。孫兒跟兒子畢竟不一樣；爺爺跟爸爸畢竟不一樣。年華老去的爺爺，以為暴烈漸漸磨去以至會在家中消失，卻原來，這份暴躁隨着當日的鞭打，轉移到另一個人身上。

那天，當爸爸狠狠地教訓川仔時，爺爺看着就急了，出手擋駕。新仇舊怨，共冶一爐，二人情緒爆發，結果是一個難看的、註定所有人都會輸掉的局面。

從失控到安靜

「幸好及時介入，也總算趕及了學習的黃金時期。」社工說。

原來當日川仔被送往兒童院舍時，渾身不安，不時尖叫。

家庭關係緊張的後遺症，是他總是無法專心學習，簡單如做一份功課，每每如拉牛上樹。他把書全倒出來，看一眼，蹲到地上；回桌子上寫個字，又趴在地上一會兒。社工曾經懷疑他有某程度的讀寫困難，於他，寫中文字總是不容易。明明十分鐘就可以做完的功課，他往往要磨蹭半小時。

當壓力過大，他只好訴諸於大叫大鬧。每天上演的失控，教老師們和家舍家長頭痛不已。

很快，他就被轉介入 2Rs 計劃。精神科醫生診斷他有過度活躍症，並給他開藥。服藥後的川仔，終於慢慢穩定下來。老師們和家舍家長都大大舒了一口氣。

「現在，他做功課時是專心多了。即使我走過，他也完全不察覺。」社工大為讚歎。

當他可以專心做功課之後，才發現原來他頗聰明。之前以為他在中文方面是讀寫困難，但服藥之後，才發現他對中文部首竟是很敏感。他會主動對兒童院舍的院長說：「原來『打』字，是『手』字加個『丁』字呀。」川仔的組織能力及自理能力都大大提升。因為成績有所進步，自信心漸漸成長。

家舍家長的安撫、社工的聆聽、院長的愛心，專科醫生的對症下藥——令川仔起碼對成年人建立起一份信任。

「旅行時，他也不去跟其他孩子玩，老挨在我身邊。」院長說。

「他常常坐到我的大腿上。」社工說。

沒有在父母身上得到的，他在家舍逐漸掙回來，心靈慢慢成長。

家舍的環境，給川仔重建一份安全感。

爺孫的動人時光

川仔的爸爸說：「好呀，好呀，進了兒童院舍，川仔就不用被爺爺騷擾了。」爸爸始終認定，自己的爸爸毀了自己的童年，絕不能讓他也破壞兒子的童年。爸爸相信，只要隔開爺爺，他就盡了父責。

但他不曉得，在川仔心中，爺爺，才是愛的根源。

爺爺比爸爸更常到家舍探望川仔，帶他外出，享受爺孫之樂。為了方便探望川仔，爺爺後來更搬到院舍附近居住。

有一次，爺孫倆在街上逛着逛着，爺爺被川仔拉了一下，停了下來。只見川仔目不轉睛的看進店裏。爺爺跟隨川仔目光，見到他充滿好奇地看着同時轉動的一排排滾筒式洗衣機。透過洗衣機中間的透明窗戶，可見裏頭五顏六色的衣服高速旋轉。

川仔問：「這是什麼地方？」

爺爺答：「自助洗衣店呀。有些人家裏沒有洗衣機，就把衣服拿來這兒洗呀。」

爺爺難忘那張初見新奇，雙眼放光的臉。一陣心痛在爺爺心裏滋長。

那個星期，爺爺沒有把髒衣服放進家裏的洗衣機。他把每天穿過後的髒衣服，用袋子裝好。裝滿一袋了，就提着那袋髒衣服去院舍接川仔，帶他到自助洗衣店洗衣服。

爺孫倆肩並肩的在店內看着他們的髒衣服在洗衣機裏滾動。多台洗衣機同時轉動的隆隆聲響竟給人一種安穩的感覺。

見過無數受苦兒童的院長感慨：「孩子在成長的過程中，只要有一個，哪怕只要有一個成年人，全心全意地愛那個孩子，那個孩子的生命面貌就會完全不一樣。」

有人用心給出愛，有人穩穩接住。潤物細無聲，迸發出濃烈的溫馨。心坎最深處那幽微豐厚的愛的交流，乃多少物質玩具都無法比擬。

川仔總是渴望爺爺來看他。有一次，爺爺想帶川仔回鄉探親，卻苦無旅行證件。明知爸爸不會同意，爺爺叫川仔回家偷偷拿旅行證件出來。然而，東窗事發，爸爸想當然大發雷霆。自此，全面禁止家舍讓爺爺接川仔外出。

川仔好想念爺爺。整天穿着爺爺送他的灰藍色外衣。縱然天氣已經很熱，川仔還是捨不得把外衣脱下來。見者心酸。

爸爸也需要療癒

其實，爸爸自己也是受害者，被舊日的創傷關在自己的童年陰影裏。

沒有給父親好好愛過的他，並沒有完全的長大。有時，他也像個孩子般賭氣。他想要好好愛孩子，卻苦無對策，只懂得頻頻買玩具；他想要好好管教孩子，但心中無底，常常以吼叫表達。畢竟，我們小時候如何被管教，他日就自然會依樣去教孩子；從小聽到的那些話，他日就自然會對孩子說那些話。

有一次，在社工面前，川仔沒有立刻回應爸爸而已，爸爸忽地火冒三丈，舉手就想打川仔。川仔整個嚇呆了，社工立刻上前解圍。

社工心裏一直想：「如何可以幫助爸爸？」

沒有被關心過的人，難以去關心別人；童年沒有被讚美過的人，也不知道如何去讚美自己的孩子。川仔成績不好，爸爸只道是因為懶惰，沒有去明白孩子實質的能力、心理的障礙。所以當川仔的成績有所進步之後，社工刻意在爸爸前讚賞他，希望爸爸學習看見孩子的美好。爸爸聽罷，內心明明是開心的，嘴巴卻是硬：「要什麼獎勵？」社工看出來：「其實爸爸心底真的是疼孩子的，只是不懂得表達。」

院舍知道爸爸的難處。非不為也，實不能也。這些年來，社工絞盡腦汁，希望取得心靈負傷的爸爸的信任，溫柔又不着痕跡地支持爸爸。

救一個人救一個家

「一代又一代的瓜葛，有沒有可能停止在這一代？」社工很有願景。

社工覺得 2Rs 像一個契機，表面上從小朋友入手，卻有機會介入一整個家庭的跨世代傷痛。他說：「每一代改一點，一小點一小點的改變，慢慢地可能就有機會改寫一個家族之後的故事走向。」

社工嘗試用愛心融化爸爸，日子有功，爸爸也漸漸向他敞開心扉，對他訴說傷痛，人也開始改變。

有一次，爸爸買蛋糕來給川仔慶祝生日，川仔不知多高興。社工說：「這個家庭有太多不快樂的回憶，我很鼓勵他們多締造一些共同的開心回憶。」

家長教養孩子的方式，很多時候都反映着自己的童年經歷。如果沒有帶着覺醒的意識，我們幾乎必然會複製上一代的種種。

當天，爺孫倆携手拿去洗衣店洗的，又何止髒衣服。洗衣機以每分鐘 25 至 60 轉的速度繼續滾動。隆隆聲響間，香噴噴的洗衣液慢慢滲出。當川仔進入院舍並得到細心的照顧與適切的治療，他們彷彿是把傷痛逐件放進洗衣機，讓一代又一代的傷痕，有機會在進水與脫水間搓揉與碰撞，慢慢洗擦。

川仔的現況

川仔因非常活躍未能專心，成績不好；父親再婚的家庭也容不下他，一不滿意就是打（創傷）。川仔因受虐入住院舍，有自閉症譜系障礙及社交障礙的他不喜歡交朋友，學習依然是個問題，讀寫困難，加上坐不定，遇壓力只懂大叫，家舍甚是苦惱。家舍職員及社工推薦下，2Rs 家庭醫生轉介給 2Rs 精神科醫生，診斷川仔為 ADHD，需調校藥物。另外家舍亦安排院內輔導員作心理治療、在外有感統及社交發展技能訓練等，多管齊下。川仔終於可以專心學習，成績進步，得到老師讚賞，信心大增，前後判若兩人。

在社工引導下，爸爸也學會欣賞兒子，繼母也多了探望。

在家庭團聚前（現已離院），2Rs 精神科醫生開了轉介信，讓川仔能在公立醫院有藥物跟進。

創傷後遺症

心理創傷是指當人生遇上突如其來的巨變或衝擊，而沒有能力應付時，在心理層面會容易產生揮之不去的陰霾，情況持續可引致創傷後遺症。

創傷後遺症的病徵主要在三方面：

1. 創傷的回憶會於夢境重現，或突然盤旋於腦海裏而令人不安，有些患者更會有閃回（flashback）的現象，令患者感到重回事發現場。

2. 有些患者迴避那些對引起創傷回憶的事物，例如曾發生或目睹嚴重車禍的人，他們都會害怕駕駛甚至不敢坐車。有些患者則會感情麻木、對事物失去興趣。而有些患者可能會失去對創傷事件的記憶，也就是俗稱的「斷片」。

3. 情緒上非常警覺及繃緊。神經過敏的徵狀包括容易受驚嚇、感到緊張、難以入睡。這些徵狀是持續的，令患者感到持續受壓及憤怒。

我想偷取你的愛

韋恩

撰文：陳凌軒

家道清貧，兄弟姐妹一大羣。既不是最年長，又不是最年幼的韋恩，註定得不到父母的關注。

零用錢永遠不夠分、零食當然也不會多。一天又一天，韋恩在小學校園裏，睜着她一雙圓大的杏眼，眼巴巴看着同學們手上一款又一款新奇的零食。口水，不自覺就流下來。

明知道媽媽不會給、明知道爸爸不會給、明知道姐姐不會給，韋恩得自己想辦法。一個小不點能想出什麼辦法，去偷唄。最方便的，當然是去偷同學的零用錢。

有時候，她成功得手，餅乾、糖果、冰棒、甜的酸的脆的五味雜陳，瞞天過海，嘴巴滿足。

但有時候被揭發，隨即引來父母的一頓拳腳。衣架、藤條、鐵鉗……隨手拿起什麼就打下去。

持雙程證，每次只能短暫居港的父母，浸淫在內地的生活習慣裏。在那個地方，家家戶戶，年年月月都是拿着棍棒教孩子的，天經地義。

在棍棒下長大的孩子

八歲以前，韋恩就是在內地一直被這樣揍着打着拉拔長大。頂着一頭清爽短髮，説話直接爽朗的她説：「雖然是打得很兇，但每次都是因為我做錯事，他們才打的啊。」

她確實是有點頑皮，但做錯而被打的原因，有時其實很瑣碎，甚至是莫須有的罪名。

有一次，小弟弟從沙發上掉下來，父母撲出來抱起小弟弟來疼。父母沒有忘記狠狠斥責韋恩：「為什麼沒有好好照顧弟弟！」

其實韋恩也不過比小弟弟年長一年多。

典型的傳統家庭，慣性地重男輕女。女孩爛命一條，只有男孩得到萬千寵愛；女孩做盡家務，男孩以逸代勞。錯的，總是她。

要個男孩！要個男孩！

夫婦倆無意識地執迷於傳統男丁。打從一開始，內地的一孩政策就教二人特別緊張。第一胎生了個女兒之後，二人知道無論如何都必須要跑去香港生第二個孩子。豈料呱呱墮地的韋恩，竟又是個女的，夫婦二人悵然若失。韋恩從一出生，就背負着父母的失望長大。無由來的抽打侮辱，無止境的冷落輕視，媽媽對韋恩説：「生你出來根本就是一場錯誤。」

韋恩彷彿什麼都不是，成了多餘的一個人。

她也曾經想過尋死，還不只一次，遺書也寫好了，她寫：「我痛恨這個世界，生存太痛苦。」自殺不遂的她暗自決定：「到了十八歲，我一定會簽字脱離母女關係。」

就這樣過一天算一天的忍耐與等待，韋恩鬱鬱寡歡的長大。

「流落」香港

不服氣的時候，伶牙俐齒的她會頂嘴。面對韋恩，爸爸曾經氣得生煙：「你有本事就離家出走。」韋恩毫不猶疑，背轉身，打開門，一腳就踏出去。

一雙小腳走啊走，世界很大，何處是我家？有沒有一個地方容得下我？愈走愈沮喪。斜陽西下，暮色漸濃，一個小小的學生，能跑多遠？一雙小腳走呀走，結果走到一個同學家裏。叔叔阿姨是明事理的人，一起吃了頓飯，她就被帶回家了。

幾年後，父母把韋恩送到香港，跟另一個親戚居住，好方便她在香港上學。自此，韋恩生活在一個價值觀與教養觀，法律與道德都跟國內迥然不同的地方。

事發那天，是在香港的居所。

韋恩又因一些小事惹起母親的暴怒，一如往常，母親隨手拿起一個衣架，就往韋恩身上打。本來就如太陽東昇般的生活尋常，一家人誰都沒有想過，那一打，世界從此變天。

在香港的學校，班主任發現韋恩被人用衣架打，立刻就報了警。毫無懸念地被歸類為虐兒個案。韋恩隨即被送進兒童院舍。

母親完全搞不懂狀況。在大陸，人人打孩子，家家打孩子，她自己何嘗不是被打着長大，有什麼大不了的？為什麼她在做着從小到大，人人皆在做的事情，竟換來女兒被帶走，自己還要上庭？

媽媽很生氣，生香港的氣，生韋恩的氣，她對韋恩說：「我很後悔帶你來香港。」

把孩子放在一個環境較開明，條件較好的地方成長。沒料到，時光流轉，漸漸就跟孩子的世界完全脱節。其實很多移民家庭都奏着類似的悲歌。

院舍的幸福感覺

韋恩被送進兒童院舍時十一歲，她形容：「太棒了，我在這兒有一種幸福的感覺。」

所謂幸福，既是物質上的，也是心靈上的。

在這兒，她終於第一次有了自己的牀、自己的櫃、自己的桌子。她終於不用擠在弟弟們旁邊，佔一點位置也感到內疚，她終於不用等在弟弟後面，祈求他們把用剩的物資分一點給她。

在家舍，不但有人合理地回應她的需求，家舍還樂意給她很多資源，讓她發揮自己。

家舍放着各類樂器，她可以學結他、學打鼓。原來她有點音樂天分，後來還作起曲來，也能填詞，把心聲寫進歌曲中。她所寫的詞，風格時而幽怨、時而悲壯，但總不失一份幽默感。她活躍於家舍大小活動的舞台，歌聲總是縈繞三日。最愛唱周杰倫的歌。

「你唱歌很好聽啊。」

「你很有急才啊。」

「你很可愛啊。」

她從未獲得過那麼多的注視、那麼多的讚美。原來，被看見的感覺如此甘甜。

她再也不是一個多餘的人。

生命從此如花盛放。

精靈活潑，能言善辯的她，不但獲得老師社工的喜歡，同儕間的人緣也特別好。在家舍交的朋友知道她零用錢不多，會主動送她漢堡包券。

她笑自己似歷史人物關羽，最重義氣：「如果朋友被欺負，我一定會替她出頭。」

在家舍，韋恩不再感到自己是一個負累。

媽媽是焦慮的源頭

表面上，韋恩開朗愉快。然而她身體的毛病，全看在照顧者眼裏。院舍把韋恩轉介到 2Rs 計劃，家庭醫生給她醫治濕疹、腸抽筋、鼻敏感、失眠……

有一次，忽然有事要回家取東西，這樣突然的「被度假」竟教她崩潰大哭，完全失去理性。內心有一塊無形的傷口仍是需要去診治。

這次換成臨牀心理學家去看韋恩。

因為是陌生人，臨牀心理學家花了頗長的時間才獲得韋恩的信任，好不容易才令她打開心扉説出內心的話。韋恩的自我保護機制慢慢軟下來之後，她開始意識到的是，每逢考試前夕、轉換環境、見某些令她緊張的人（例如媽媽），身體的各種毛病總會沒緣由的出現。

有一次考試前腸胃不適、頭痛、發惡夢，甚至呼吸困難……她起初也以為是身體的毛病。但在臨牀心理學家耐心引導之下，她才明白，原來身體那麼大的反應，全因為她內心非常憂慮考試成績不及弟弟好。從此，她認識了何謂身心症，增長見識。臨牀心理學家給她適切的治療，令她生活得較之前有精神、有力量。

不過每次要跟媽媽見面之前，韋恩仍然會肚痛、胸口痛、頭痛……但她現在起碼知道，原來是因為緊張。

在家舍吃飯是輕鬆的與舍友暢談，在家吃飯，她焦慮得只敢夾眼前最近的餸菜。

明明有失眠的問題，回家卻常秒速睡着，她笑說：「可能因為睡着了，就不用面對媽媽。」

母女愛恨

女兒家不值錢這個想法，在她們家根深蒂固，無論韋恩理智上多想要衝破總是乏力。

鞋子穿破了，她不敢告訴母親——錢輪到她來用的嗎？

家長日媽媽選擇去弟弟的學校而不去她學校，她沒哼一聲——弟弟的成長當然比較重要。

韋恩一直希望自己是個男孩子。她把自己打扮得像個男孩子，她訓練自己的言行像個男孩子。她甚至把自己要住家舍的原因與性別拉上關係。她說：「因為我是中國人。而傳統中國觀念就是重男輕女。作為女孩子，我在本來的家，一定無法得到適當的關注。要進家舍，我才可以得到適當的注意。」

偏離原有的軌道，媽媽完全接受不了。為什麼女兒在外頭比在家裏更快活？為什麼女兒跟外人什麼都能聊，對我卻黑口黑面？為什麼女兒跟外人問好卻從不跟我問好？媽媽對韋恩的感覺益發迂迴曲折，幽微難懂。愛與恨之間、羨與妒之間、喜與惡之間，媽媽也是百般滋味。

雖然還是不怎麼想要回家面對媽媽，但韋恩在院舍得到更多自由，並活得愈來愈自在之後，對媽媽的理解慢慢滋長：「其實媽媽，是很『女人』的一個女人。老公向她發脾氣，她不哼一聲。過後，卻把所有怨氣發洩在子女身上。」怎麼恨，媽媽跟自己一樣就是個女兒身，媽媽不也是從不被看重的女兒熬成娘的？她所受過的苦，媽媽大概全數受過。

生存不再是痛苦

每當有人説家舍壞話，她會很生氣。

「住家舍不一定是孤兒，也不一定是壞孩子。」她覺得看待住家舍的孩子的人，眼界比她還要狹窄。

她説：「孤兒是指沒有爸爸媽媽的孩子。我們很多都有爸爸媽媽，只是爸爸媽媽出了很多不同的狀況而已。但定義上，那不算孤兒。所以他們説我住孤兒院，絕對是一種錯誤。」她口若懸河且情理兼備：「壞孩子是做了壞事的孩子，但我們很多是因為被欺負，或有各種心理需要而住進來，我們本身並非壞孩子。」

滿舌生花，雷厲風行。難怪家舍姐姐曾説，生活律己以嚴，對公平公正有所追求的韋恩，可以考慮去當律師。

韋恩聽罷急忙耍手擰頭：「我不要當律師，我要當明星。」

「我真的很享受被人看、被人崇拜。」她想要成為焦點——那個從小到大她想要在爸媽身上拿到，偏偏一直落空的一塊。

想要卻從來沒有得到的東西，就像小學校園裏，同學手上那些紅的黃的甜的脆的零食。

韋恩看事情玲瓏剔透：「其實我們這些常常偷竊的孩子，全因內心有一份欠缺。」她認為，有些孩子明明不是沒有錢，卻還是偷，也是因為心靈的不足。

望穿秋水，韋恩始終渴望父母把她當一回事。

以前是等呀等的無望，現在她想通了：「你們不給，我又不會死。」

把心一橫，她就在別的地方拿她想要的。也不用偷，就憑實力拿，反正她很有能耐。

在家舍這個舞台，她的正義得到孩子們的愛戴；她的表演能力，得到觀眾們的喜歡；她的努力得到家舍職員們的欣賞。在這個生活環境，她輕易成為焦點。「以前，我覺得生存好痛苦;現在，我覺得生存是一個挑戰。」

一個女兒身也可以活出一種獨特色彩。韋恩現在最想跟媽媽説的是：「謝謝你生了我，謝謝你養過我。」

生命碰撞生命，作為女人屈就一輩子的媽媽，看着離家之後腰板挺得愈來愈直的韋恩，會不會在陌生之外，也帶有一點讚歎？

韋恩的現況

韋恩的家一向重男輕女，母愛遙不可及；做得不好，就是打。老師發現後，轉介入院舍。可是每當面對放假前夕，或預計要面對可怕的事情時，韋恩都會感到焦慮來襲，偏頭痛、胃痛、腸痛、呼吸困難，當然睡得不好。一切的身體疼痛，2Rs 家庭醫生可以配藥。但若這些反應是因為壓力，便需要 2Rs 心理學家幫助了。

家舍方面亦因應韋恩的喜好 / 興趣，為她安排課餘活動（如音樂和體操），家舍找資助，實現孩子夢想。於是，身心靈的創傷都暫時得以舒緩。

在家庭打壓的狀態，孩子當然喘不過氣來。但當她站上另一個舞台，便能建立自信心、友情和希望。在安全穩定的環境逐漸長大（四年），學會獨立思考，並培育信仰，孩子學會寬恕；欠的只是獨立生存的能力，對家人仍心存恐懼，需要持續輔導。

焦慮

焦慮是正常情緒的一種。 因此每個人或多或少都會有焦慮的時候，但不同的人對焦慮的反應可以不一樣。一般而言都會有：

1. 身體反應：例如心跳加速、肌肉繃緊、呼吸急速等。

2. 思想方面：傾向負面，相信或肯定不好的事情將會發生。

3. 行為方面：逃避害怕的場合 / 事情，又或者在極度緊張、擔心的心情下面對這些場合 / 事情。

其實恰當的焦慮能夠保障我們的人身安全，成為我們生活、學習的動機。當危機消失，焦慮的感覺亦會下降。可是一旦危機已過，事主仍然持續處於擔心的狀態，便須要留心，並向醫生查詢。

周而復始的晚間意外

寶珠

撰文：陳凌軒

「我表達能力不高，待會兒説得不好，不要見怪。」訪問甫開始，寶珠忙不迭貶低自己。那份總是感覺落後於人的怯懦，會不會源自出生以來的自卑？

當上小媽媽

寶珠的媽媽是長居內地的二房，故此她與媽媽的地理距離與心理距離皆無比遙遠。大房那邊，對於爸爸另有家室，多年來都被蒙在鼓裏。於是，長長一段時間，寶珠是一個孤伶伶的秘密。寶珠從小就缺乏媽媽疼惜。從來沒有機會撒嬌的寶珠，一年級開始就自己上學，自己買飯吃。

爸爸是一個有心無力跟她玩耍的老人。老來得女，看着可愛，但要如何照顧年紀跟自己相差一大截的小女娃，實在是毫無頭緒。爸爸當然不會跟她玩家家酒，更不要説什麼聊天談心。他能做的，就是確定寶珠繼續有呼吸。欠缺教導、不多交流、甚少憐惜，寶珠的成長一片陰鬱。

為了配合爸爸的作息，乖巧懂事的寶珠總是快快完成功課，好爭取時間跟爸爸多待在一起。時間總是紛亂，現實感覺模糊。她知道爸爸身體差，需要多睡覺，也不會要求外出啊玩耍啊。總是安安靜靜。多年來，學校所有親子活動，父女倆一次都沒有參加過。家長日，也是老師三催四請，爸爸才挪出時間勉強出席。而她對爸爸的形容是：「很溫柔。」她知道爸爸的體力也不容易應付，她心想，如果爸爸可以回到十八歲的精力就好了。

沒有太多人陪她說話，就沒有太多練習的機會。寶珠說話的用詞和語調都是怪怪的。

「大陸妹！大陸妹！」校園裏緊追在後的，是一聲又一聲的嘲弄訕笑。

她低着頭感覺自卑，也就日益沉默：「如果讓我用寫的，應該可以表達得好一點。但是跟人交流用寫的，人家又會覺得我怪異。」

天蒼蒼地茫茫，寶珠孤單寂寞的長大。

後來，妹妹申請來港，是同父同母的妹妹啊。自此，寶珠有了一個最親近的人。原本有個人互相照顧互相分享，或可共度苦悶的童年。可是，妹妹很快被診斷出智障。誰可以照顧妹妹呢？當然就是年長幾歲的寶珠了。

一路長大，最知道妹妹需要的人就是寶珠。她帶妹妹到公園玩，因為她知道妹妹每天都需要跑動。「上街，一定要拖着妹妹，要不然她一定會跑丟。」有時妹妹玩瘋了，她得拖妹妹回家。妹妹力氣漸長，寶珠後來拖不動，還曾求助於警察。

寶珠負責看妹妹的功課，幫妹妹溫習。「我不求她的成績好，只求她的品德好。」寶珠對妹妹的要求，根本就是一個媽媽對女兒的要求了。

暫借的安居之所

沒嘗過被好好照顧的寶珠，就要去照顧妹妹，姐當母職，寶珠一下子被迫長大。未幾，寶珠撐不下去了。筋疲力盡，寶珠未到十歲就患上抑鬱症。

輟學近半年後，終於有人看到這個小小的女孩，身負多少責任與壓力，學校與社署由是介入，寶珠從此住進了兒童院舍。

年老的爸爸其實鬆了一口氣，寶珠也終於可以舒一口氣。

住進家舍，有人可以照顧這個小孩的生活，給她安全與規範。寶珠慢慢整頓身心，終於可以重新上學。

家舍離學校好遠，要準時上學，她必須要早上五時半就爬起牀。冬天出門時，天還是全黑。但她很自律，比所有人都早起，自顧自的刷牙洗臉，背起大大的書包上校車。住進家舍一年來，總共只向學校請過一天病假。以前不知道，原來能夠心無旁騖的上學，就是種福分。

以為一切慢慢回到軌道了嗎？噩耗卻又再傳來。爸爸患上末期癌症，立刻就住進了醫院。

忽然出現的天使

這時候，大房那邊有個大家姐出現，一個善良大愛的婦人。

原來三年前，隱藏多年、掩飾多年的秘密首次攤開了，大房終於知道了爸爸有另一頭家，還有了兩個小孩的事，一家人當然全數氣瘋。但當爸爸病倒了，大家姐想到這對快將孤苦無依的小妹妹，心裏一軟：「錯的只是大人，孩子無論如何都是無辜的。」

大家姐一有時間，就接兩個「妹妹」到醫院，探望走到生命最後一程的爸爸。

寶珠看着這個大家姐，人生終於第一次感受到什麼叫有質素的親人關心。

畢竟，爸爸就是寶珠最近的親人。家舍的姑娘一直都在給她心理準備：「爸爸可能隨時會離去啊。」

寶珠表現得很懂事：「每一個人都會死。」

幾個月後，爸爸離世。大家前仆後繼忙不迭的安慰寶珠，寶珠卻彷彿比大家更鎮定：「爸爸已經病很久了。」

她沒有表露太多的哀傷，只是讀很多跟死亡有關書籍。偶然，會顯得過分理智：「人人都會死，我也會死呀。」

焦慮的後遺症

爸爸過世的同一個月，寶珠開始夜間遺尿。

家舍職員全是有經驗的，沒有責備她、沒有懲罰她、沒有嘲笑她。大家都知道，寶珠需要的是更多關注和服務，遂把她轉介入 2Rs 計劃。

她立刻便獲安排往 2Rs 家庭醫生就診，首先斷定膀胱沒有發炎。雖然身體沒事，但醫生也轉介了區內公立兒科，以便跟進遺尿情況。那麼會是心因性的嗎？於是，個案社工也急忙與公立醫院心理學家商量輔導工作。

寶珠自己這樣分析：「每當我過於專心地想自己的人生時，那夜就會遺尿。」醫生了解過後，判斷寶珠極不懂得表達自己，而她的焦慮與壓力便在此表露無遺了。

總是跟其他人不一樣

除了家庭內的孤單，寶珠還遇上同儕間的格格不入。因為，除了說話方式與人迥異，她的生活習慣也與別不同。

洗碗堅持不用洗潔精，就曾讓家舍家長一接手時頗皺眉。後來家長了解過她的成長歷程後，才發現背後她經歷的是一連串的不可理喻。據說，媽媽會在她被蚊子叮過之後，用蚊香去燙她；又據說，她小時候，媽媽要上街之時，就把她和年老的外婆鎖在房間裏；又據說，媽媽覺得清明節是鬼節，晚間不可外出……

偶然接寶珠回家住的大家姐，覺得寶珠既乖又有禮貌，人也很善良，但是彷彿完全不懂人情世故。「她的反應和行為，跟其他被教導過的小朋友明顯不同。」

有一個週末，寶珠在大家姐的家度假。來探訪大家姐的朋友點了一支煙，緩緩的開始抽。煙味徐徐飄過，寶珠抬頭就瞪着那人直說：「我最討厭人抽煙。」一個小不點沒大沒小的過分直率，教大家都嚇了一跳，氣氛尷尬不已。

大家姐知道寶珠多年來沒太多機會跟社會接軌，寶珠對世界的認知，與常人不同，是未「社會化」，不知道人與人之間的界線，所以她說：「家舍的環境，讓她有機會學習羣體生活，是一件非常好的事。」

我也想有人陪

在家舍住了一年的寶珠，終於慢慢「社會化」。

家舍幫助她明白一些人與人之間的基本社交禮儀。不但教她做家務，並引導她明白各種待人接物的方式。與其他孩子交往磨合和溝通交流中，寶珠有機會進一步掌握語言的運用。

最重要的是，家舍讓寶珠卸下一些不必要的責任，讓孩子成為一個孩子。

當我邀請喜歡畫畫的寶珠繪畫家舍。她的第一個反應是：「我畫畫好差。」如常的自貶。

原以為她是婉拒我的邀請，卻見她邊説邊拿出粉紅色鉛芯筆和間尺準備開工。她小心翼翼的在單行筆記本上撕下一頁，然後拿着間尺開始畫。

家舍的房子在她的描繪下異常工整。每一條線都筆直，兩邊則完全對稱。小心計算和量度後，大門在房子的中間，兩邊的窗戶平衡對稱，兩旁各有兩級樓梯級，每一筆每一畫都準確地由間尺輔助畫成。

筆直工整有條理，大概一如這一年她在家舍裏經驗到的平衡與安穩，初嘗正常有規律的生活，她的心也安頓下來。

在整齊的家舍旁邊，她畫了一個笑瞇瞇的女孩，滿足地看着家舍。

家舍眾多活動中，寶珠尤愛參加義工安排的活動。她說：「活動有遊戲玩，有小食。」她把活動細節娓娓道來，最後她總結:「我喜歡團體生活。」

有人陪伴，熱熱鬧鬧，是她從小缺乏而至今仍然渴求的。

被罰的幸福

長年以來沒有什麼人管寶珠，她一直都是自顧自的。來到家舍，終於有人管。「我曾經被姑娘罰寫悔過書呢。」寶珠說的時候，竟然有點興奮。或許，被人管，也是一種幸福。

那一次，她跟舍友打賭，説自己可以占卜出翌日的天氣。

她說，只要把鞋子向上拋，掉下來若是鞋面，即代表翌日會是好天氣；若是鞋底，翌日會是壞天氣。本來就是女兒家玩樂的點子，豈料那一拋，鞋子卻卡了在高高的橫樑上，得麻煩工友叔叔拿梯子爬上去把鞋子取下來。

從來只能生性懂事的寶珠，在家舍中，終於有機會當個俏皮的小孩。初嘗頑皮，闖個小禍，為童年添件趣事。

在家舍，寶珠由起初的鎮日低頭沉默，到現在偶然會說說笑，甚至「搞爛 GAG」，社工和大家姐都說她的改變實在不小。

外面的世界很可怕

不過，面對家舍以外的世界，寶珠仍然是緊張兮兮的。

大家姐說，寶珠跟相熟的人一起的時候，其實就是一個很聽話、很幫得上忙的小女孩：「她總會主動幫忙提東西啊。」然而，一旦要面對陌生人，或在陌生的環境，她就會很緊張，盡可能都不想要接觸陌生人。

聖誕節的時候，大家姐邀請寶珠參加一個朋友家的聖誕派對，有小朋友有禮物有豐富小食。大家姐既想帶寶珠看看外面的世界，也以為寶珠會喜歡。但寶珠搖搖頭，表示比較想獨自過。寶珠笑自己：「有時我喜歡熱鬧，但有時也喜歡安靜。」

大家姐是一個通情達理的人，她明白也體諒寶珠。

還是那個小媽媽

臨終前，爸爸對寶珠説要努力讀書。所以寶珠真的非常努力，而且成績也真的有在慢慢進步。

「想，100% 的想念。」當提及爸爸時，寶珠是如此的説。

爸爸臨終前把孩子的撫養權交託給大家姐，或許是爸爸留給寶珠最美好的遺物。

只是，大家姐也有自家的難處，畢竟她也有自己的家庭，所以她總是説：「幸好有兒童院舍的協助，否則單憑我一個人，絕對划不來。」

在大家姐和家舍雙劍合壁地愛惜寶珠的情況下，寶珠遺尿的情況，一天一天地改善。

寶珠希望自己可以快快長大：「我想要快些到十八歲，那就可以去打工。我要做人工高的工作，我要賺很多很多的錢，那就可以帶全家人去環遊世界。」

寶珠心裏念茲在茲的，是一家人濟濟一堂。

她的夢想，是可以有一間很大很大的房子，一家人全部住在一起——妹妹、大家姐、姐夫、細家姐、姨媽、姑姐、媽媽、外婆……大家會一起吃大餐，説説笑笑。

寶珠的現況

寶珠從小就肩負照顧有智力障礙的妹妹的責任，身心疲憊以致患上抑鬱，由公立醫院精神科及心理學家跟進，同時亦被送進兒童院舍。年邁的父親離世，前路茫茫；不懂表達，加上焦慮與壓力引發夜間遺尿症。2Rs 家庭醫生安排醫學測試，證明不是發炎等生理問題後，遂轉介政府兒科跟進（才十二歲）。社工家舍職員悉心照顧，從遊玩、團體活動中讓她學習社交，加上大家姐的關心照料，曙光漸現。

家舍的照顧，讓寶珠日常生活得以安定，專心求學。縱然前路未明，各服務單位由社工串連下，一一發揮作用，輔助孩子改善。在有愛及關懷的環境下，孩子笑顏再展；以正向思維，跨過重重障礙，為夢想啟航。

遺尿症

年幼的孩子尿牀是很常見的事情，然而當孩子滿了五歲後仍然有尿牀的情況出現，便要多加注意，因很可能是患上尿牀症（遺尿症）。尿牀症也稱為夜間遺尿症，而白天發生的尿牀則稱為晝間遺尿症。患有尿牀症的孩子會故意或非自主地反復尿牀或尿褲子。出現的頻率至少於連續三個月內每週兩次。孩子夜晚無法控制排尿。即使在半夜醒睡的時候，也可能意識不到膀胱已經充滿尿液，亦不能像白天那樣控制排尿。他們可能因遺傳、身體機能障礙，或者有顯著的苦惱，或在社會、學業等其他重要領域遇上障礙。

爭取公平的公主

劍兒

撰文：陳凌軒

劍兒，在家舍是出了名的不好惹。

「你説要乖才可以享用辣椒油，那什麼才叫乖，請你先定義清楚！」

「為什麼欺負別人的可以留下來，被欺負的反而要搬走？這完全不合理！」

在兒童院舍，劍兒多次把其他宿友聯合起來，向宿舍爭取公平公義。

社工對她的印象是「聯羣結黨，搬弄是非，對人不信任」；但同時，社工不諱言，劍兒是一個很有領導才能的女生，所以才有能力團結宿生。

生活之中，只要有一點點看不過眼，只要有一點點挑戰到她的原則，只要一點點不公平，都會觸動劍兒的神經，她便會像貓豎起毛一樣的吶喊。

外公外婆很疼我，但……

沒有人迫劍兒入住兒童院舍，是她主動提出想要搬進來的。

「在家裏，我像一個公主一樣被疼愛，什麼都不用做。」她的聲線低沉而平穩：「但是，我想離開。」

她所説的那個家，沒有父、沒有母。她從小就跟着外公外婆生活。

爸爸，劍兒從來沒有見過，不知道長什麼樣子，不知道叫什麼名字。

媽媽，在十八歲生了劍兒之後，立刻就把她送去給外公外婆照顧。幾年後，媽媽跟另一個男人又生了一個小孩。跟那個男人分開了，又跟另一個男人生小孩……

劍兒有弟有妹，同一個媽媽，但全部不同的爸爸。

這樣算不算有兄弟姐妹？這樣算不算有媽媽？這樣算不算有爸爸？

什麼是家？

外公外婆用自己的方式疼愛女兒的第一個女兒。不用劍兒做任何家務，帶她去旅行，物質上總給她最好的。「我知道外公外婆是愛我的，但他們從來不明白我，他們從來沒有嘗試去聆聽我的感受。」

十八年前，外婆同樣把自己的女兒，亦即劍兒的媽媽管得死死的，卻終究未能防止女兒未婚懷孕，並陸續丟給她一個又一個的孫兒。

對於青春期的孫女，外婆過去所有的擔心，又一次湧上心頭。十八年前失誤過一次，如今有沒有可能阻止另一次的錯誤發生？害怕歷史重演的外婆別無他法，只想到要變本加厲地操控劍兒。

「我需要自由，但他們把我管得太嚴。我已經滿十八歲了，外公外婆卻仍然不讓我出夜街。」

成熟的劍兒卻嗤之以鼻：「看到我媽媽的生活與下場，我怎麼可能會讓自己重蹈她的覆轍？」婆孫衝突連連，劍拔弩張。

我要住兒童院

手足無措的家人也是慌亂，只懂對她說：「不要自己想不開嘛。」以為這樣可以勸止劍兒，卻不知道這句說話對抑鬱症患者來說，簡直是廢話：「道理我當然知道，可以的話，我也不想鑽牛角尖呀！」劍兒冷笑。

最失落的時候，劍兒跟一個要好的朋友聊天時發現，原來可以自己申請住進兒童院舍。她聽着聽着，腦袋瓜轉了幾圈，忽地想到如果要完全地離開外公外婆家，說不定這是一條出路。

她向家人提出想入住兒童院舍。

這個想法如外星人降臨一樣，教各人都嚇了一跳，一下子接受不來。

大部分孩子都是被迫進入兒童院舍，故此過程上多是不情願的。劍兒卻反行其道，揮一揮衣袖說要跑去住。這教朋友、老師、社工都驚愕得下巴全掉下來，紛紛好言勸阻。外人看來，外公外婆待她實在不錯，幹嘛要跑到家舍活受罪。

不懂的人永遠不會懂。有一種破碎，需要距離去修補。

外公外婆陪她到兒童院的家舍走了一圈。驚覺環境清幽閒靜，一切有規有矩，外婆心念一轉，心忖反正自己管不了劍兒，搞不好宿舍有機會可以治理她的反叛，遂答應讓她去。

離開，離開——劍兒滿腦子只有一個目標。「我一心只想要脱離那個家。」她心裏確切感到很痛，如果待在這裏是一個死胡同，心裏無法得到平靜，總得另找解決方法。

除了當事人，其實沒有任何一個外人，可以判斷一件事對這個人的影響是大還是小。

被窩中的眼淚

初進兒童院，劍兒説她的感覺是：「除了要沒收電話，要自己做家務。其他一切都很好。」彷彿終於釋放。

真相，其實不是這樣。夜闌人靜，所有思緒湧上心頭，感懷身世，抑鬱來襲，劍兒每每哭得肝腸寸斷，眼睛全腫起來。「為何我要住家舍？為什麼我沒有爸爸疼？為什麼媽媽不關心我？」

錐心刺骨的痛。

宿友們，都是有故事的孩子。即便不完全明白所有細節，但劍兒能感到女孩子們在情緒上與她認同。「起碼不會叫我想開一點就好，」她苦笑，「在家舍，感覺還是比外面好。」

心靈負傷的劍兒，傷心而憤怒，躲在被窩裏哭泣的頻率很高。

與母親見面之後，跟男朋友吵架之後……她每每都會鑽上牀，拉張棉被蓋着自己才開始以淚洗面。世界把她遺棄，孤苦無依的她借棉被假裝被環抱。她已經沒有心力去面對其他的事物，孤孤單單的，漆黑之中是生命深處的悲痛啜泣。棉被之內，只有自己陪伴自己。

借來的母愛

棉被之外，有一個外人，本應跟她的生命無所交疊，聽到她的悲鳴卻實在不忍。那人在棉被外來回踱步，最終坐在劍兒的牀沿，沒有說什麼。想不到一句話可以安慰到十八歲生命的痛苦寂寥，她輕輕地拍拍劍兒的腳、掃掃劍兒的背、摸摸劍兒的頭。即使隔着棉被，也試着把這份憐愛傳進去。

家舍姐姐看着這個痛苦的小人兒，母性大發，有時候心痛得沒有迫劍兒遵從家舍規定，一定要在某個時間吃飯。先讓她哭個夠。生命太苦，如果不哭個夠，情緒無法平衡。哭累了，家舍姐姐才柔聲說：「我留了飯給你。」

等其他孩子都睡了，劍兒會拉一張小板凳坐在家舍姐姐的旁邊講她的委屈，講她的心痛。

家舍姐姐的溫柔與聆聽，把劍兒一步一步地穩定下來。

劍兒不只一次跟家舍姐姐說：「如果我媽像你就好了。」

一份信任長了出來。仿如代母的家舍姐姐，穩定地出現在劍兒的生活中，善良地接納劍兒的脾氣，耐心地陪伴劍兒的不安。

母愛，是劍兒從小到大望穿秋水的必需品。在家舍的一年半，與家舍姐姐的一段關係，可能是她最靠近母愛的一段經驗。

身病與心病

劍兒住在院舍的一年半裏，每見到不公平的人和事，她都會提出抗議。「其實，我知道大部分社工都不喜歡我。」她認為不少社工覺得她麻煩，她用低沉而堅定的聲音說：「反正不公平的事，我就是看不過眼，沒有辦法不出聲。」

要發聲、要行動、要改變。她總是身體力行、不遺餘力。

你遇過最不公平的事是什麼？

這是一個不能多想的問題，一想，她眼眶的淚水立刻就滿溢，她微微顫抖，哽咽着說：「為何弟弟有爸爸媽媽陪着他成長，但是我什麼都沒有。人生為何那麼不公平？」

縱使多年來搖旗吶喊，為各人各事抱打不平，但是發生在劍兒身上最不公平的事，卻是任她扭盡六壬也無從改變的。啜泣聲，久久迴盪在空氣中。

住家舍的日子，劍兒獲轉介到 2Rs 計劃。

劍兒也就有了機會更穩定地看精神科醫生，並開始針對性的，治療她長久以來的抑鬱症，對於一直受失眠困擾的劍兒而言：「吃了精神科醫生開的藥，晚上終於能好好睡上一覺。」

從來，婦科周期總教她劇痛難耐，多年來都得靠止痛劑把痛苦強行壓下去。透過 2Rs 計劃，她有機會好好的去看婦科醫生。這才發現，原來她不但有先天性的問題，還有更複雜的綜合症。痛了那麼多年，終於查出狀況，可以對症下藥了。如今，使用荷爾蒙藥慢慢調理。

家舍救了我

在家舍，劍兒學會了掃地、洗碗、用微波爐叮麪。「我學會了獨立。」她説：「以前，我什麼都不用做，外公都服侍好了，弄到我也習慣了懶惰。」在學校，她是連去儲物櫃拿東西也懶得動。

搬到家舍之後，與外公外婆的磨擦減少，關係反而稍為好轉。劍兒也明白相處好、同住難的道理。「我其實真的好想跟家人談天説地，但外婆只會管我，媽媽只會打我。」

有些人會覺得住家舍很羞恥，小心奕奕掩飾這個事實，儘量不要給人發現。但劍兒總是很開放地跟同學們説自己住家舍。大家會覺得她這樣好奇怪，但她的看法是：「家舍救了我。」

如果外婆外公是她的其中一個家，她媽媽與另外一個男人及他們的孩子是另一個家，「家舍是我第三個家。」她堅定地説。

年滿十八歲，終究要離開兒童院。劍兒説：「有時候不開心，我還是很想要回來住。」

另一個彌補缺家之失的，是拍拖。劍兒不諱言，拍拖對她來説很重要：「與男朋友一起，令我有被愛的感覺。」男朋友懂得傾聽，非常重要。

婦科周期很混亂，症狀也多，但偏偏，劍兒很渴望生小孩。

説到自己的小孩，她充滿憧憬：「我一定會給孩子適當的自由。而且，我一定不會打孩子。」目睹母親與外婆不和，經歷自己與母親反目，她沒有嚇怕，反而心意堅定：「我要停止這個循環。希望所有不對的育兒方式，在我這一代停止下來。」

即使，父母沒能好好愛她，但劍兒內心仍然充滿着愛，想要好好去愛別人。她曾在一些 Playgroup 內工作，對於怎樣陪伴幼兒，她有自己的一套想法，説起來就滔滔不絕，她心裏還計劃着想要去修讀與幼兒教育有關的課程。

她曾經主動問院舍的修女，可不可以到家舍來工作，她很想幫忙照顧其他孤苦伶仃的小孩。對於這樣一個在風雨中曾給她護航的避風港，劍兒想要回來出一分力。

劍兒的現況

劍兒表面上是個為了爭取公平，會與社工爭論，態度堅決的女生。但她的內心脆弱，夜深常會感到無助而淚流滿面，影響睡眠。對於自身家庭的缺失，得不到母親平等看待，心底始終存着一道傷痕，不能填補。診斷抑鬱症及用藥後，睡眠與情緒也得到改善。因需要長期跟進，已轉介公立醫院繼續接受服務。經治療及離院後，可回母家，預備考 DSE；考試後，已搬出與朋友同住，有穩定工作，生活正面積極。

抑鬱症

人總有傷心的時候，但這些感覺通常不會持續超過兩星期，不致過度而影響我們的日常生活。假如人長期處於情緒低落的狀態，失去對事物、活動的興趣，甚至影響日常生活、社交或學業成績，則有可能是患上了抑鬱症的先兆。抑鬱症的症狀及嚴重程度因人而異，常見的症狀包括：

- 持續憂傷、焦慮或感到空虛；
- 對平常喜歡的活動失去興趣；
- 精神變差、疲倦、節奏轉慢；
- 感到悲觀、內疚、無助；
- 難以集中精神；
- 失去自信心；
- 失眠、早醒，或過長時間睡眠；
- 胃口及 / 或體重下降或上升；
- 有自殺或死亡的想法或試圖自殺。

簡單來說，若你或你的親友擁有多項上述情形，可能是患上抑鬱症的表現。若有懷疑，請向醫生查詢。

真嫲嫲、假嫲嫲

小丁

撰文：鄭美姿

五年前，家舍住進來一個小六女生，她叫小丁。

「我們即管試試，也不確定家舍能否配合這個孩子。」姑娘說。家舍是集體生活的場所，每個「家」住上十幾個小孩，不同的「家」合起來，就成了兒童之家。「我們不知道小丁能否適應，也未知其他孩子能否明白她。」

那是五月的初夏，學期尾聲。小丁就讀的小學離家舍很遠，社工很轉折地才找到一輛合符路線的校車接載；每天早上，她五點半就要起牀準備，「幾乎整個家舍的人要合力喚醒她返學！」

女生很活潑，事事發問；她皮膚白皙，一點不害羞。「點解嘅？點解嘅？」小丁蹦蹦跳，老愛問「點解」，喜歡喚家舍裏較年長的孩子做「媽咪」。即使長到十二歲，小丁卻像一個五、六歲的孩子。

她很愛玩，玩起來就渾忘日月，甚至因為太開心了而尿濕褲子。試過好幾次，一大羣孩子聚在一起說東說西，玩着玩着，她憋不住就撒尿了。此後其他孩子會不時提醒她上廁所，而且很快就接納了小丁就是這樣的一個人，姑娘說：「慢慢地他們相處下來，小丁一住就是五年，今年滿十八歲後就要離開了。每年離開的孩子很多，而我特別擔心的，就是她。」

醫生：不能由她媽媽湊

小丁出世後，在醫院住了足足三個月，醫生才肯簽紙給這個女嬰放行，並且跟接走她的嫲嫲，留下了這一句説話：「由你湊才行，不能由她媽媽湊。」嫲嫲當下向醫生承諾：「醫生放心，我應承你。我回去就辭工，自己湊大這個小孩。」

這一幕發生在十七年前，嫲嫲卻依然印象深刻，仿如昨日。

嫲嫲，人稱珠姐，長一頭黑髮，説話不慍不火，有一種大事化小的能耐。她差不多七十歲，卻偶有人誤認孫女小丁是她的女兒，説着她笑了：「我從來不染髮，頭髮一直都烏溜溜，皮膚也沒長老人斑。」外表沒有老態的珠姐，對自己只有一個願望，就是「無病無痛」。對於孫女，她就比較貪心，足足有三個願望，你甚至聽得出她聲音裏的憧憬，「想她找份好工，找個好男生拍拖，結婚要在教堂行禮。這三個，就是我最大的願望。」

説起孫女，珠姐苦笑。她轉換了一下姿勢，似乎準備説一個很長的故事：「小丁呢，故事真的曲折離奇，這女孩，背景好可憐。」

小丁的人生頭九十日，都在醫院度過，她在小小的病牀上努力戒毒。「她媽媽懷孕時吸毒，而我的兒子也是癮君子。當時他們入院生孩子，身無分文，是我替他們付費。」醫生不信任小丁母親能帶好女兒，直到嫲嫲站出來許諾，孫女才獲准出院。從此以後，已養大了三個兒子的珠姐，身邊又多出來一個嗷嗷待哺的幼兒，「我本來在老人院做伙頭，煮大鑊飯，人工不錯，但辭職湊孫後，就只能申請綜援了。」

一出生便染有毒癮的小丁，即使戒了毒，珠姐仍覺得她甚為虛弱，「她食不好睡不好，又長滿疹子，我帶她看中醫，次次都大排長龍，但堅持看了大半年，醫師説要幫她清毒啊！」她把孫女當作女兒般帶大，也是別無他法，「她父母去了『快樂世界』。」

她還記得，孫女三歲那年，兒子突然向媳婦爆出一句：「個女不是我的，你帶佢走！」珠姐聽在耳裏，反應不過來。三年以後，始真相大白，小丁跟嫲嫲原來沒有血緣關係，不過珠姐卻做了一個無私的決定，「我一定要湊這個女孩。」

當時兒子問道：「媽，你不捨得她了？」

她答：「當然，已湊到三歲了！」

最後，珠姐問了媳婦一句：「你肯不肯放手？」媳婦直言自己沒錢，養不起孩子，珠姐丟下一句説話，字字鏗鏘，結束這場人命的鬧劇，「不論怎樣，我都會把小丁當作我孫女，你們走，不要再來搞我！」

小丁：嫲嫲，帶我走

珠姐大概是小丁生命中的女超人，曾經幾次從危難中把她拯救出來。孫女八歲那年，其母信誓旦旦要照顧女兒，珠姐一時心軟，遂把自己的寓所讓出來，給母女二人團聚，自己則在外另覓牀位。誰料某天夜晚，卻收到小丁的求救電話：「嫲嫲，我在兒童院，你會否來接我走？」

珠姐當下向電話筒另一端作出保證：「我立刻接你走，你什麼也不用帶，留給院舍其他小朋友用。」她跑回自己的家，請媳婦離開，嫲孫團圓。

但類似的事情，在小丁十二歲那年再次發生。「那年我腰背有事，要去大陸醫病。她的媽媽要我把女兒還她，説真正戒了毒，會好好照顧她。」珠姐又一次心軟，便讓母女團聚。在內地醫病的日子，珠姐自覺風平浪靜，殊不知留港的孫女，原來正等待嫲嫲拯救。

「當時她們有社工跟進，社工認為她媽媽照顧不了，便申請送小丁入院舍居住，最後輾轉來到這裏。」懵然不知的珠姐，回港後獲街坊相告，某天掛八號風球，小丁竟然跑到寓所樓下的餐廳借廁所，説到這裏，她重重的歎一口氣：「原來她母親的男朋友，當晚想躲在廁所裏吸毒，小丁便走去餐廳借廁所。」

回香港後，珠姐再次收到孫女的求救電話：「嫲嫲，帶我走！」

最愛嫲嫲

因禍得福，小丁幾經轉折，終在家舍安頓下來；放假的日子，就跟嫲嫲同住，老人毋須再獨力扛起教養的重擔。嫲孫倆生活的最大娛樂，是一起食薯片、煲韓劇；說起韓劇《金醫生》，珠姐終流露了退休長者應有的「童真」，即使她把劇名搞混了，「哈哈，我們一路睇劇一路食零食，肥了好多！」

小丁並不是一個聰明的孩子，相反，很多能力都大幅落後於同輩，但在嫲嫲眼中，卻多看到孫女乖的一面，「她不揀飲擇食，鯪魚球都食，很多小孩都不肯吃啦！」她倆常常手拖手逛街，珠姐喜歡看時裝，孫女愛看文具，「她好乖，只是看看而已，從不嚷着要買。」

快十八歲的孫女，依然常常摟緊嫲嫲撒嬌：「我好錫你好愛你！」

成長的難題

梳一條大馬尾的小丁，皮膚白皙，臉頰滿是雀斑，手長腳長，有點似動漫人物。我問她：「你在家舍住多久了？」小丁反白眼，淘氣地說：「嘩，我唔記得啦，你扑暈我算啦！」

她說平時最喜歡打機、聽歌、看卡通片，「keroro 軍曹、叮噹、小丸子，我都好喜歡，但要放假才可以用手機看。」她直言覺得嫲嫲非常偉大，「因為她不怕甲由，這麼恐怖這麼核突她都不怕，總之那東西好核突，但她一手就把甲由捉住，好勁。」説着她向嫲嫲裝出打恭作揖的姿勢，頻頻説：「你好偉大呀！」珠姐看着孫女的古靈精怪，哭笑不得。

問小丁是否知道姑娘很疼她，她搶答：「我當然知道姐姐好疼我，她幫我買淘寶，我不開心她又陪我『傾偈』。」我隨即問道：「你有什麼不開心的？」誰料小丁反應極快：「不記得啦，我只有一秒記憶。」在旁的嫲嫲輕描淡寫道：「你 WhatsApp 畀男同學，被老師發現。」小丁誇張地擺擺手，佯裝生氣，拉長語氣地説：「唔・關・事。」

這才是最教姑娘憂心的事情。

在小丁厚厚的資料夾上，註明了這個孩子各種各樣的成長難題，包括屬於自閉症譜系的障礙、過度活躍症、發展遲緩、身形偏瘦、出現倒退行為、焦慮、社交技巧障礙等，這些問題苦纏小丁多年，一直透過院舍的 2Rs 服務支援，包括面見 2Rs 心理學家和輔導員，並安排公立醫院精神科醫生跟進她的用藥。但小丁十八歲之後，大部分支援將會暫停，她終於要跳進社會的大海，在染缸裏求生。

這個時候卻碰上她的青春期，姑娘直言：「她長大了成熟了，但面對的難題又不同了。小丁開始對男女、愛情，以及性事好奇，非常難搞。」

小丁在朋友介紹下，試過下載交友程式，並結交了一個男生，兩人用視像聊天。誰料對方提議玩「脱衣」遊戲，他先脱，把片傳過來，輪到小丁行動。「幸好事件被老師發現，報了警。而小丁雖沒有蝕底，沒有上當，但足叫我們憂心忡忡了。」光怪陸離的社會，對單純的小丁來説，似乎是過分複雜了。

又試過有段時間，她愛上一個男同學，常給他寫情信，彼此在WhatsApp 聊到天昏地暗。於是老師和姑娘又要出動，跟她上課講愛的教育，「什麼叫拍拖？如何看用情是否專一？」事緣男生紀錄不良，更教疼愛小丁的師長難以放手。

姑娘説：「小丁的自制能力弱，對事情的理解表面，不懂得推測行為背後的動機。我們的關係，就是她信任我們，凡事相告，我們才能不斷重複去教佢。」

千萬別遇上壞人

到底在他們眼中，小丁不過是一個「細路女」，即使她外表亭亭玉立。就在訪問前一星期，她才做過一件她承認自己「唔聽話」的事情。姑娘問她説：「那是不是你喜歡的食物，就可以食好多好多？」她吸吸鼻子、扁起嘴巴答：「不是囉！」

原來那天家舍有炸雞翼「加餸」，一來是小丁的最愛，二來其他女孩怕肥自動把炸物讓出來，最後她的碟子上竟堆滿二十隻雞翼。姑娘提醒她要懂得節制，並吩咐其他孩子拿回自己的雞翼，小丁就開始飲泣，「但她只是哭，沒有爆發。不像上一次，把雞蛋丟在地上發洩，好『叻』，有進步。」

如果夢想可以成真，嫲嫲對孫女有三個最大的願望。但與小丁分別在即的姑娘，對這個孩子的願望，只有一個，她說：「我們都好疼她，因為知道她對我們依賴，好需要我們，所以對她也特別擔心。最希望小丁在人生中，不會遇到壞人，好好生活。」

小丁的現況

小丁已知的情況包括自閉症譜系障礙、ADHD、發展遲緩、偏瘦（可能與 ADHD 藥物有關）。社交技巧上，似有倒退行為（以 BB 話説話 / 心理年齡不符合實際年齡）、焦慮（尤其面對權威）、睡眠問題，需要處理。當時家舍職員發現睡眠問題與 ADHD 服藥時間有關，已有所調整。社工、家舍職員悉心引導，與其家人聯繫及檢討個案規劃，政府醫院負責她的 ADHD 用藥，2Rs 則先後 49 次安排播道醫院心理學博士 / 輔導員輔導及安排 3 次接種 HPV 疫苗（第一期 2Rs 先後安排不同的培訓給職員及孩子們，職員方面包括由精神科醫生介紹 ADHD 藥物用藥方法、由心理學家講解「依附問題」；孩子方面包括：教育有關青春期需要、潔手衛生、做個快樂人等等）。社交技巧上，有所進步亦能與其他宿生成為朋友，已減少滋擾別人。説話似 BB 的情況稍有改善。據家舍姐姐形容：當時各方面均有進步。

整個計劃着重及早識別，多專業評估及跟進，鼓勵社工或家屬直接與 2Rs 專科溝通，規劃孩子的照顧。家舍及家人均有鼓勵孩子返教會，建立友伴關係及促進靈性成長。

輔導跨越接近三年，於第一期完結時終止；進入青春期後，對性和異性的好奇引起照顧者的擔心，需要繼續觀察督導。

自閉症譜系障礙

自閉症譜系障礙是一種先天性的發展障礙。大部分患者同時患有智障，因此這也增加了患者理解他人和自理的能力。患者通常有以下不同程度的臨牀症狀：

1. 社交能力障礙

患者像是活在自己的世界裏，他們很少主動與人接觸。對身邊的人欠缺眼神接觸和溝通。不能有效地運用眼神交流、聲音、面部表情來表達自我或理解他人。

2. 溝通能力障礙

患者的語言發展較遲緩，詞彙貧乏。他們有時會像鸚鵡般重述別人的說話。他們也不擅與別人打開話題或持續對話，有時又不理會別人的反應，只專注一些自己感興趣的話題。

3. 重複性 / 狹隘的活動或興趣

有些患者固執於某些生活細節，如出入路線、活動安排，稍有變動便會煩亂不安。而有些患者則喜愛背誦某些資料及數據，如巴士路線、交通標記、地鐵站名稱等。他們的玩意及遊戲技巧亦比較單一、重複及欠缺變化，如喜歡轉動錢幣或排列玩具等。

4. 感官反應異常

部分患者在感官方面有過高或過低的反應，例如對某些聲音、質感有極端的驚恐或抗拒的反應；有些對溫度及痛楚反應異常淡薄；有些則過分追求嗅某種味道、觸摸某種質感的物件或凝視轉動的物件等。

刺蝟長成金魚

白雪

撰文：陳凌軒

「入住家舍，是我人生的轉捩點。」十六歲的白雪說，頭暈身熸時，終於有人會帶她去看醫生。

白雪自小多病痛。當她喊身體不適時，每每換來家人嫌惡的眼神，潛台詞彷彿是：「怎麼你這樣麻煩？」看醫生要花錢，看醫生得花時間……她一直得不到家人給予這樣的愛與支持。

兩個家，都陌生

早在白雪出生之前，白雪父母的關係已經不好。

正當媽媽下定決心要跟爸爸分開時，卻發現腹中懷了白雪，媽媽咬牙忍耐的留在這個家，把白雪生下來。媽媽也很想知道，一個小女娃有沒有可能改變夫婦的關係。

為了女兒，媽媽不能說沒有付出。

可惜，時間卻證明，逝去了的感情再也挽不回。母親愈益肯定關係無論如何都無法修補，遂忍痛離開。

從此，白雪成為一個沒有媽媽的女孩。沒有媽媽的女孩只能待在父親那邊生活，主要由祖母照顧。偏偏，父家那邊的家庭頗為複雜，爭執不斷。未幾，父親另外建立家庭，並有了自己的孩子。

白雪由是更加的孤苦伶仃。

白雪不時離家出走。據説，她跑過很多不同地方，連馬戲班也待過。要管教這樣一個小女孩，一點都不容易。後來，從內地移居香港的媽媽覺得，香港的生活比較好，説服內地親戚，讓白雪來香港。

提着行李箱，離鄉背井，十一歲的白雪去到一個陌生的城市尋母。

母親離去時，白雪還是個嬰孩，對母親幾乎沒有什麼印象。雖然嚴格來説是重遇，實際上卻仿如新識。整整十年過去，白雪才來初次認識自己的母親。母女一場，十年空白，如何填補？

感人的重逢並沒有發生，白雪甚至無法用喜悦來形容見到母親的感覺。「母親所給我的，只有傷害。」白雪幽幽的道。

房子裏，除了她和母親，還有同母異父的弟妹。白雪深深地體會到，何謂偏心。弟妹受傷，母親會幫他們塗藥膏；母親性子烈，會肆意打白雪。白雪做錯打白雪，弟妹做錯也是打白雪。

然而要是白雪受傷，母親從不呵護。弟妹一病，母親大為緊張；白雪生病，母親不怎麼注意。

母親要白雪照顧弟妹，給他們做飯、看他們做功課。但弟妹從不領情，明知母親偏心，當然伺機搬弄是非，從中得益。

有一次，弟弟說要吃雪糕，白雪盡姐姐的責任：「不是肚子痛嗎？不要吃雪糕了。」豈料，弟弟說：「你怎麼都不疼我？拿媽媽的錢還那麼多說話。」白雪能怎樣？左右為難。雪糕是買了，但也不能讓媽媽知道，只好自掏腰包。

而母親對她一向吝嗇，給白雪的零錢其實比給弟妹的零錢少。

夾在弟妹與母親之間，她感覺自己像個卑微的僕人。

有時打電話回鄉向祖母吐苦水，卻發現父家和母家兩邊，總是互說對方壞話。

白雪益發覺得人人都在傷害她，情緒也就愈來愈躁動。媽媽大概也覺得，不知該如何管教這個女兒。哪有人一哭就是一小時的？母親沮喪又激氣，母女之間的衝突日多。

到港不久，白雪已經嚷着要回鄉。在內地，起碼有祖母寵、有外公愛。但大家都說：「既然有機會在香港生活，當然要留在香港。」

白雪彷彿被丟在香港。

四處刺人的刺蝟

家舍紀錄中，白雪的入住原因是虐兒個案。

初進家舍的白雪情緒極度不穩，一丁點小事就大吵大鬧，甚至可說是橫蠻無理。

天氣涼，勸她多穿一件衣服。她吵。

要收起她的電話。她吵。

考試到了，叮囑她溫習。她吵。

犯了規矩要罰她。她吵。

每次鬧情緒，噼里啪啦的就是一串罵。而且她的聲音好大，大得嚇人。

家舍姐姐形容白雪鬧情緒時很戲劇化，一哭二鬧三上吊。有時會大嚷：「我要返鄉下！我要返鄉下！」

「我就是覺得，全世界都對我不好。」很委屈也很無助，白雪也笑自己：「其實我剛進家舍時，很像一隻刺蝟。」因為不安，到處刺人。

其實她知道自己暴躁的情緒，她知道自己無理取鬧。

家舍的孩子，個個都不簡單，但孩子們都怕了她。

有經驗的家舍職員久經訓練，面對風風火火的白雪，沒有反應過度，態度始終保持從容。她們知道，一個人在激動的時候，說道理沒有用，根本講什麼都不可能聽得進去。她們知道等待的重要性。靜待暴風般的情緒平息，才慢慢跟白雪聊。以靜制動，以軟化硬，以柔對剛。一趟又一趟重複的關心，用時間去給予白雪過去未曾擁有過的穩定。

平息情緒風暴

有一次，家舍姐姐吩咐白雪去晾衣服。白雪卻在滑手機，沒有理會家舍姐姐。叫了好幾次，白雪不耐煩了，反罵起家舍姐姐來。嗓門如常的好大，白雪自己形容：「真係吵得一整條街都聽到。」這樣吵鬧了一陣子，社工「叫咪」（透過廣播系統）要白雪去見她。白雪心想，糟了，肯定又要捱罵了，不知會不會沒收她的手機。帶着遭責怪被懲罰的心理準備，她怯怯地坐在社工旁邊。

豈料社工開口問的竟然是：「這兩天發生什麼事了？為什麼這樣反常？是不是有什麼心事？」

白雪嚇了一跳，心是軟了一下，但嘴巴不改的硬：「沒事。」

社工很有耐心：「說出來吧，說出來，我們找方法一起解決。」

百感交集的情緒開始湧上來，但白雪仍是賭氣：「沒事。」

幸好，社工沒有放棄：「若是有事，要講出來啊，不要鬱在心裏。」

白雪忍不住惱羞成怒，情緒爆發，狂罵社工：「之前我找你，你說沒有空，現在太遲了，所以我要發脾氣了。」

社工仍然冷靜：「那你發了脾氣，有沒有好一點？」

白雪忿忿道：「還未發夠，我還要再發一會。」

社工淡定回應：「好，那你再發一會吧。當你感到冷靜一點，想要跟我聊時，就來找我吧，我一直都會在。」

白雪心裏很感激這個社工。

其實不只這個社工，在家舍住的這幾年，社工、家舍姐姐都讓她明白了很多事。

以前跟社工或家舍姐姐吵架，白雪扯破喉嚨罵呀罵，社工和家舍姐姐聽兩句就不跟她吵了。那時候她沾沾自喜，心想：「哼，我贏了，你輸了。哈哈。」日子一天一天的過去，慢慢地，她才領悟到，原來自己根本沒有贏。

真摯的情感互動，是最強大的治療方式。

好醫生

一直以來，白雪常常頭痛。

很多個早上，她都說自己頭痛得無法上學。媽媽卻罵她，認定她是說謊，藉口不上學。

頭痛從未被好好看待過。

入了家舍，白雪有幸獲轉介入 2Rs 計劃，終於有機會獲家庭醫生好好看診。

白雪很感激 2Rs 的家庭醫生，會耐心地了解她的病徵。每次幫她調藥，會關心藥量太輕會否作用未夠、藥量太重會否令她的胃不舒服？細心的查問，令白雪感到非常貼心。「以前看醫生，跟醫生說自己頭痛，醫生每每只是給我吃止痛藥。」

以前，她沒有接觸過用心治病的「好醫生」。

針對失眠，「好醫生」也給她開藥，還細心吩咐：「這藥有點猛，記得睡前才吃啊。」

這些藥彷彿沾上了「好醫生」的溫暖，確讓她睡得比較安穩。

其他身上的痛，「好醫生」都逐一給她好好的診治。

「原來醫生可以這麼好。」白雪嘖嘖稱奇。

在鄉下，她遇見過只為賺錢，完全不道德的醫生。

在香港被媽媽傷害入院後，她也遇見過敷衍了事的冷冰冰護士：「頭痛嘛，睡一下就好。」

「但是『好醫生』不一樣，他甚至不太像一個醫生，而像一個家長般來關心我，真的令我對醫生另眼相看。」白雪感到非常感恩。

「好醫生」治白雪的，應該不只是身體的痛，更包括心靈的痛。

家舍姐姐記得，有一次白雪說眼痛而去看「好醫生」。但看完醫生把眼藥水拿回來後，白雪根本是放着沒有滴。但是，眼睛卻不再痛了。

有時，身痛的真身是心痛。

如果沒有查出病因，吃多少藥都沒有用；如果搞清楚病因，一句關心成了最有效的藥。

身病源於心病

社工們很清楚，情緒對身體的影響實在很大。家舍裏，很多孩子都有身心症狀。

白雪初到香港時，很多事情都得重新適應。單是在課堂追趕英文的程度，就曾讓她有點吃不消。老師的鞭策令她壓力好大，頭更是特別的痛。後來社工跟老師說，不要迫她太緊，情緒比學業要緊，情況方才有所改善。在各方協助下，不再是頭痛醫頭，腳痛醫腳，而白雪一直多病的情況，大為改善。

有一段日子，白雪納悶自己為何不時腹痛，痛得非常厲害，頭暈眼花，人也站不穩，她跟家人說痛得無法上學，卻從來沒有人嘗試去理解她，媽媽只道她是想藉口逃學。但在家舍跟十多個女孩同住，聊起來才知道，原來一直以來她所說的腹痛，其實是經痛。

這是媽媽從來沒有告訴白雪的。

從來沒有被照料過的身體，如今得到好好看顧；從未被重視過的生命，如今獲得好好對待。對「好醫生」的信任，不但令白雪跟自己的身體好好對話，也令躁動不安的靈魂穩定下來。

成為真實而快樂的好女孩

白雪是家舍裏少數完全不度假的孩子之一，已經差不多一年沒有回家度假了。

原來每當她回家度假，也會如僕人般被呼來喚去照顧弟妹，然後又要鬧得不愉快，經過幾次度假中途跑回家舍後，白雪索性選擇不度假，一直留在家舍了。

住在家舍三年，白雪由只懂吵鬧不能好好表達，慢慢變得可以流暢地說出自己的感受。以前，大概因為欠缺安全感，她甚至會假裝自己是另外一個人，有時還會吹噓自己，訛稱背景：「我爸爸是韓國人。」

現在不會了，她更接納本來的自己。

其實她本來就是一個多才多藝的人，藝術方面特別有天分。但過去，太忙於跟自己的傷痛打仗了，忽略了自己的長處。

以前她自信心太低，覺得就算補習也幫不上什麼。但家舍資源不錯，會為孩子們安排補習。在額外的協助下，白雪的功課竟然一直進步，英文更是進步得多。老師還説，如果她能保持狀態，也許有機會入大學呢。

被讚賞和鼓勵後，她信心大增，人也變得更正面。

人有了目標，就有了更多可能性，狀態大勇。

「我覺得自己情商高了。以前看到半杯水，會覺得只有半杯水而嫌棄，索性什麼都不要。現在會正面地看，相信有半杯水也不錯呀。」

成熟懂感恩的白雪，説要感激家舍眾人的幫忙，讓她有所改變。

她坦言，如果一直待在家就不可能有這些醒悟。那時候，媽媽也會説有什麼事情可拿出來説，但只要一坦白，把話説開，常常就會捱打。這不但令她不想再跟媽媽説話，關係變得愈來愈差，更甚者，是令她對很多事情的看法有所扭曲。

但「好醫生」、家舍姐姐和社工們的溫柔理性令她大開眼界，不但自身受惠，耳濡目染下，她更從中學習。

例如有一次在學校當風紀時，白雪的工作方式惹惱了風紀隊長，風紀隊長責備了她兩句。以前的白雪，大概會直面怒斥風紀隊長，髒話也一定會用上。但如今的她，想了一想，脱下舊日習慣，以情緒主導野蠻的自己，選擇用上一些理性，平心靜氣跟負責老師討論，轉化成另一個境界。

金魚向前看

白雪所住的家舍有宗教信仰背景，潛移默化，她形容信耶穌對她有很大幫助。以前她脾氣太大，反應常常過大，跟朋友的關係總是緊張，現在的她情緒穩定多了，就稍為懂得跟朋友交往。

「我覺得自己現在很開心。」白雪甜甜的笑。她説現在的她像金魚:「記憶很短，不開心的事，我很快就會忘記。」

在家舍內的正面成長，促使白雪定下自己的人生目標。

短期的目標，是好好念書，升讀大學。長期的目標，是做牧師或傳道人，把福音傳給世界，她尤其是想要把福音傳到她的鄉下。「我希望用自己的故事去告訴其他人，改變，是有可能的。」白雪很有信心的説。

白雪的現況

在不情願下來到香港，與陌生的母親同住，協助照顧異姓弟妹。母親脾氣差，「偏心」弟妹，因受虐（打）而入住院舍。她經常發脾氣，像世界欠了她。英文追不上，學習方面有壓力。身體有各樣不適（皮膚、腸胃、腰痛、眼痛等），最常抱怨便是頭痛。以往在內地對醫生的看法都是負面的。

家舍及社工都推薦她見 2Rs 家庭醫生，醫生除了配藥外，也細心幫她調整劑量，診斷她有偏頭痛，提點她可能與情緒有關，也建議她見心理學家，不過她覺得不需要。社工耐心聽她的抱怨，分擔她內心的鬱結。家舍提供資源給她補習，並舉辦各類活動（獻詩、奏樂、話劇），她都投入參與。

藥物可以舒緩她的疼痛，多方照顧及身心靈的關懷，讓她安靜下來，梳理情緒。各類活動，幫助表達及學習互動溝通，忍耐及體諒他人。成績進步，讓她信心大增，情緒也漸趨穩定。她現在學會感恩所有幫她的人，包括醫生、社工、家舍姐姐、教會肢體及同住宿友。

適應障礙症

適應障礙症是指個人在事件發生後，因未能及時調適，三個月內出現的情緒或行為症狀，而在事件完結後，症狀未停，持續超過六個月的一種心理反應。其症狀可包含焦慮、沮喪、憂傷、流淚、易怒、失眠、煩躁、極度害怕、注意力不集中、無決斷力等。

終於回家了

婷婷

撰文：鄭美姿

「你好你好，我是婷婷。」她必恭必敬地跟我握手，卻不尋常地用力，模樣似特朗普的握手情景。然後，同一番開場白，同一種力度，她對現場三個陌生人重複了三遍之後，大家都笑了，這才發現是一場淘氣的玩笑。

她是婷婷，今年十八歲，笑容討好，看樣子是個爽朗的女生。

有誰想到，她曾多次離家出走，她的「曳」(頑皮)，沒有人能夠容忍，即使是父親。無計可施下，父親報警「究治」，結果她被送上法庭；然後在女童院住上四年，把少年的青春都遺留在院舍。四年沒回家的婷婷，向我們道出這個故事。

與爸爸火星撞地球

十四歲的婷婷，皮膚白皙，留一頭長髮，喜愛講話，性格活潑。但她學業成績差，上課不專心，在家跟父親相處，往往「一言九頂」，關係惡劣。漸漸地，她夜晚不回家，輪流到朋友甲乙丙家裏借宿，一個月離家出走幾次是等閒。

在婷婷眼中，她跟爸爸從來都是火星撞地球，「他好忙，沒有時間，沒照顧過我，我倆沒怎麼相處過。」她說，由於自己「太曳」，因此每次跟爸爸見面，都落得一場臭罵。這樣一個家，她覺得挺沒意思，也沒有半點吸引力，「不想回家，便去 friend 家裏借宿。」

父親報案幾次，她一點感覺都沒有，結局通常是翌日上學時，警察在學校尋人，她給逮個正着，然後被押送警局銷案，「阿爸報警我才不怕，我只是嬲，憎他啊，但對離家出走一點也不後悔。」

這個反叛難教的女兒，原來也曾幻想，視爸爸為一個親密的家人，只是沒有成功，「他一星期只放假一日，那日他必定整天睡着，只會吩咐我不要吵醒他，一醒就鬧。 」

她不喜歡自己的家，也不喜歡學校。「每年開學後不久，我就會被召去訓導室。一年到尾，基本上我沒有什麼機會，待在課室上堂。」在訓導室無事可做，她便自顧自睡覺，「那時我住在石梨，學校在天水圍，日日早起身反正都累，便睡。」

個案社工劉姑娘回憶道：「那時她爸爸報警，警察受理後，轉介社署跟進。之後才發現她爸爸打她打得厲害，社署向她發出了保護令。再經歷上法庭等等程序，她便獲安置在瑪利灣中心。」

向來自由自在的婷婷，入住瑪利灣中心後，由不良少女夜夜笙歌，到一日三餐要定時，夜晚十點一關燈便要睡覺，凡事都有規有矩有時間表，婷婷大呼難受。「我在家什麼都不用幫忙，入到去卻要做家務。又不能用手機，跟外面完全隔絕。」劉姑娘説：「她經常嚷着要走，甚至打電話求她爸，當然沒成功。」

反轉收容中心

院舍裏的孩子個個都棘手，姑娘明明已身懷十八般武藝，但仍感到婷婷難以處理。廖姑娘是婷婷的貼身照顧者，她直言：「她真的好曳，這女孩跟其他人不同。不能好好跟人説話，一開口就整個身子搖來搖去，半秒定不下來。」

這個女生幹的「好事」太多，又不能靜下來跟人溝通，廖姑娘唯有扳起面孔，嚴格招呼，「好難與她靜靜地聊天去了解她，結果我們會用了一個嚴管的態度去對待她。她不斷騷擾其他人，基本上是 non stop，不停講話、不停『郁動』，整個人完全不能停下來。」婷婷更一度令廖姑娘懷疑：「她是否專跟我作對？」

對婷婷的投訴，似乎無日無之。另一位照顧她的劉姑娘説：「例如在瑪利灣學校上課，她會搶老師的咪，老師用電腦，她又走去搞電腦。」蔡姑娘及後成為婷婷最親近的人，但她亦難忘初識這個女孩時，是如何的令人頭痛，她這樣形容道：「佢好『喪』，我直呼救命。她不停癲癲癲、笑笑笑、喪喪喪，完全不能收服她。她甚至貼在牆上『轆來轆去』，根本不能叫停她。」她每日只能把婷婷關在辦公室，食飯、做功課，所有日常作息都要在裏面度過，「她對人太多騷擾，只能這樣隔離，才可以把她冷靜下來。」

搗亂的真相

經幾位姑娘的專業判斷，一致認為婷婷的情況「十分不尋常」。但翻查過往她在學校的檔案，竟從未有人懷疑過女孩或許有病。劉姑娘說：「我們看過她以前的 file，沒有提過她有任何問題。」沒有爸媽在旁的孩子，姑娘成為婷婷生命中最親密的人，照顧她吃喝拉睡，於是她們便商量要帶她到公立醫院求醫。醫生卻搖搖頭無奈地說：「先排期吧，轉介看專科，起碼是一年後的事了。」

碰巧那時候院舍推出了 2Rs 計劃，能讓這些孩子獲得由播道醫院派出的家庭醫生、精神科醫生、心理學家，其他專科醫生及輔助醫療團隊的聯合診症。每月定期到院舍出診的醫生，見過婷婷之後，馬上就轉介她到團隊的精神科跟進。劉姑娘說：「事情立刻有了轉機，事源醫生得悉這些孩子的情況，跟姑娘也有溝通渠道，她有救了。」

精神科醫生診斷婷婷有專注力不足和過度活躍的問題，開藥予她服用。長到十四歲的她，第一次被告知患有 ADHD。婷婷說：「由細到大，個個大人都只話我『曳』，我都以為是自己『曳』，沒有人講過，是因為我有

ADHD。」

婷婷從來不覺得自己有病，對自己的「曳」，她也有解釋。「我成日都覺得好精神，一要我坐下來，我就好悶好悶。一悶就要『郁』，玩手指，震吓、跳吓，總之身體有個部分，一定不能停下來。」

只是她有她的解釋，大人有大人的看法，「從小聽到大，人人都罵我係『曳』。我覺得我是被大人針對。」婷婷説，她也曾經反擊，對這個「曳」的標籤，為自己辯護，但結果是，「我被大人罰得更兇。」

原來她也可以專注下來

婷婷被診斷患有 ADHD 後，旋即開始服藥。除了藥物令她的行為有實際改變外，想不到 ADHD 這個「標籤」，亦令別人對她的印象，產生微妙的變化。廖姑娘説：「當知道她有 ADHD 後，我們也調節了對她的態度，明白原來她並非存心作對，而是病況影響，因此對她的耐性和容忍度也提高了。」

當了十幾年「曳」孩子，誰想到只要早晚一帖藥，就把發燒的腦袋瞬間降溫，渾噩的人生也似乎變澄明起來了。婷婷終於能夠靜下來聊天、慢下來吃飯、坐下來上課，讓人發掘到那個「曳」字底下，原來還有另一種面貌。

劉姑娘最記得她對音樂的聰穎，「我相信藥物幫了她很多，婷婷能夠定下來好好練結他了。她學得好快，是院裏彈得最好的女生。」有一次樂隊表演，劉姑娘大膽提攜她獨奏《海闊天空》，那種專注，叫眾人都眼前一亮。

「曳」字已經不足以用來形容婷婷了，描述她的詞彙漸漸變得豐富。廖姑娘說：「她很有姑娘的心，會記掛我們。」院舍姑娘特別給婷婷派一些差事，都是一些能消磨她「活力」的工作，「例如叫她做人肉鬧鐘，由房頭嗅到房尾，通知大家吃飯。」

本來被婷婷的癲癲癲、笑笑笑、喪喪喪弄得暈頭轉向的蔡姑娘，漸漸與這個女孩建立了親厚關係，成為婷婷常要爭寵的對象。蔡姑娘向婷婷眨眨眼說：「她開朗、誠實，如果有同學古靈精怪，做違規事情，她有可能會向我告密呢！哈哈哈。」

不過，服藥也不是萬試萬靈。蔡姑娘邊說邊皺起眉頭，坐在她旁邊的婷婷則大口大口吃着炸雞，還要求蔡姑娘也要吃一塊。蔡姑娘拿着炸雞，蘸了醬後又放下來，「我最嬲，就是她不肯服藥，她不服藥，我就會很擔心。」那一次，婷婷頂撞蔡姑娘說：「你追住我，我都不會食！」

原來服藥令婷婷胃口不佳，她知道服藥對自己好，但又很想逃避藥物造成的不適。蔡姑娘憐惜地說：「她服藥後，會吃不下飯。她喜歡吃，不想對食物反胃，這令她很不開心。」即使在中心裏，吃喝作息都講求紀律，每一餐都定時，但蔡姑娘還是把每餐的飯餸留起來，希望安撫這個食不下嚥的女孩，「要好似哄小孩般哄她呀，我會對她說，任何時候想食就叫我，我會立即翻熱，食量少也沒關係。」蔡姑娘話未說完，婷婷就拿起眼前蘸了醬的炸雞，硬要她吃，婷婷說：「你先試試吃吧！雞涼啦！」

食藥後很多人疼我

還是頭一趟，婷婷在意識上，產生了這種特殊的感覺。她眨着黑白分明的大眼睛說，「其實，我第一日服藥，感覺已經很不同，我覺得自己靜了下來。」她也覺得神奇，「我從小到大都不愛聽課，服藥後竟然能好好坐在課室上課，考試成績好了很多。」

跟她一起生活的院友，也對她的行為轉變表示震驚，其中一位院友一直沒跟婷婷交朋友，原因是認為她「又曳又嘈」。但婷婷服藥後，二人竟要好起來，「每次我沒服藥，她立即發現，還說我不服藥，就不會跟我做朋友。」

一夜之間，人人對她另眼相看。「大家待我跟以前不一樣。沒人再說我曳了，老師居然會坐下來同我談話。以前大人見到我，通常都會惱我。食藥後多了人疼我，與大人之間的關係沒那麼敵對。」婷婷説，以前有很多事情想做，卻一直做不到，「例如上課、看電視、吃飯。以前吃飯時，我要一路行一路食，或者嘴巴要不停説話。之後我竟然能夠坐下來，靜靜的吃飯。」

其實她不喜歡服藥，卻總是乖乖就範，是出於討好，「她們喜歡我服藥，所以我才吃。當然不吃藥，我覺得自己開心一些，服藥後變得好靜。」但靜下來的她，卻發掘了自己另外一面，「以前我不肯定自己是否一個敏感和細心的人，因為總是變得好快，一會兒不開心，一會兒就忘掉。現在，我知道自己是。」

需要的只是愛

婷婷在人前叫蔡姑娘做「蔡蔡」，私下則暱稱她嫲嫲；每見其他舍友跟蔡蔡友好，她就撒野、整古做怪引人注意，「是呀，我呷醋，我見到蔡蔡對其他人好，我會嬲她偏心，要她哄我。」

她本來喚蔡蔡做「媽咪」，卻跟舍友撞名，把心一橫就改成「嫲嫲」，因為她要獨享這個稱呼。與蔡蔡在一起時，婷婷有如一個難纏的愛人，大概混入了太多失落的愛和親情。蔡姑娘大笑：「她呀，一與她出街，她就會拉住我，十指緊扣！」

很小的時候，婷婷父母分開，母女倆幾乎沒見過幾回。她對「媽媽」兩個字沒有感覺，也不存幻想，「我不喜歡我本身的媽媽，看電視看得多，覺得後母都是欺負孩子的。」整個童年和少年期，她只經歷過短暫的愜意時光，「阿爸把我送返大陸，我由嬰兒時期開始，就是伯娘照顧，到我五歲半。除了姑娘，上一個讓我感覺好親密的大人，就是伯娘。」

五歲半的小人球告別伯娘之後，便從內地回港唸小學，「阿爸把我交給他的朋友照顧，他只是照料我起居，從來不拖我的手，我覺得好像回到兒童之家一般。」她説，小時候總是羨慕那些一老一幼手拖手上街的畫面，可能是惦念伯娘，或者純粹渴望愛。

我問婷婷：「那你想撒嬌時，會找誰？」

她一時答不上來，遲疑片刻，「朋友吧，或者……沒有。」

回家

剛入住時她極不習慣，安定下來後，始發現女童院有她的好。「瑪利灣學校只在家舍隔離，上學不用早起身。」多年來，婷婷一日三餐，只有兩個選擇，「要不在街食，要不絕食。」進了瑪利灣中心後，日日早午晚餐茶點，食足四餐，人生首嘗安穩，終明白「正常」家庭生活，其實所謂何事。

對女童院的孩子來説，十八歲意味着告別;告別童稚，更是告別院舍。

六月初夏，婷婷十八歲生日。那天爸爸竟於晚飯時間，給她捎來一個蛋糕，「我阿爸從未試過——南朗山那條山路不容易走，他竟然拿着蛋糕走上來，以前他連買蛋糕回家也不會。」

平日滔滔不絕的婷婷，那一刻只向爸爸吐出了幾個字:「嘩，多謝了！」

蔡蔡在一旁搶白:「她平時對我説話明明嬌聲嗲氣。」婷婷自己補白:「我同阿爸之間，不太表達感情。」

話説不出來，感情硬生生的吞回肚子。蔡蔡把蛋糕切開讓大家平分，眉目之間卻看見婷婷把弄叉子，就是捨不得把蛋糕吃光，還悄悄地額外留起一件。就寢的時間到了，「啪」一聲宿舍關燈，全層只剩下那麼一點光。光源之處，就是蔡蔡的辦公桌，她伏在案頭處理文件；腳下踢到的，是一個蜷縮着身子的女孩，靜靜地小口小口吃着爸爸捎來的生日蛋糕。

婷婷解釋:「我偷入她房，不能讓別人看見，所以躲在桌底。」蔡蔡回憶:「那一幕，我永存心中。這個乖女孩，好喜歡爸爸給她買的蛋糕，又説不出口。於是想找一個親密的人，想有個嫲嫲陪住她，慢慢地嘗爸爸送的蛋糕。」

告別了瑪利灣中心，婷婷搬回家與爸爸同住；至訪問時已經同住半年，父女倆竟然沒有鬥氣。「從未試過與阿爸這麼長時間都沒有吵架，第一次在家裏有靜的感覺。」四年沒有回家的她，四年後卻變成了宅女，「中心很像個家，姑娘就是家人，慢慢地我喜歡上家的感覺。所以滿十八歲離開，我也只想回家。」

婷婷的現況

婷婷上課不專心，與父親火星撞地球，甚至離家出走。學校不斷投訴，父親見罵不聽，唯有打。父親不懂處理，於是婷婷成為大家眼中的壞女孩。最終便入住女童院。在院中也是不斷騷擾人、不停説話、不停動，停不下來。與同學及師長相處困難。

家舍職員及社工推薦下，2Rs 家庭醫生轉介個案給 2Rs 精神科醫生，診斷為 ADHD。社醫合作下，一起與醫生安排藥物調教及在院中加強行為輔導；院舍亦有 Music in Life 計劃，培養孩子對音樂的興趣，並從中訓練耐性、專注及與人相處的技巧。家舍導師常與她閒話家常，常作鼓勵。縱使藥物有或多或少的副作用，會影響胃口或令人反應減慢。但在職員的鼓勵下，她可以準時服藥。

藥物加上行為輔導後，婷婷能專心上課，好好坐在課室，考試成績也進步了；嘈吵及騷擾行為減少，朋友多了。自己終於感受到何謂靜，感受到很多人愛錫他，包括爸爸。父女關係有很大的改善。離開院舍後，可跟父親團聚，繼續升學。

專注力失調及過度活躍症

亦有翻譯成「多動症」，Attention Deficit Hyperactivity Disorder，簡稱 ADHD。

簡單來説，多動症患者有以下三大徵狀：

1. 活動量過多，例如：

- 在座位經常扭動身體，手腳經常擺動，無法安坐。
- 經常擅自離開座位。
- 不能經常在適當的時候保持安靜。
- 「無時停」，好像「開着摩打」似的。

2. 衝動，例如：

- 經常按捺不住打擾別人對話及遊戲。
- 問題還沒有問完之前已搶答。
- 不能耐心排隊輪候。
- 不能忍讓。

3. 注意力不足，例如：

- 難於在課堂上，做家課時集中精神，需要很長時間做功課。
- 經常忽略細節，經常有大意的錯誤。
- 經常遺失物件、書本、工作的必需品。
- 經常忘記日常中的活動與細節。

有部分 ADHD 的兒童患者於長大後仍會受病情影響。不過，他們過度的活動量會逐漸減退，但專注力不足及做事欠條理的情況，有可能持續出現到成人階段。即使如此，藥物及行為治療都能有效幫助患者。

藥煲歌手的告別演唱會

阿芳

撰文：陳凌軒

有一段時間，阿芳最常説的一句話是：「我身體不太舒服。」於是住進女童院以來，阿芳最恆常的活動是往各所醫院覆診。

總感覺自己快死

「她不適的頻密度實在很高。看她真的很痛苦的樣子，不似是裝病，看着她也感到很無奈。」負責社工見她楚楚可憐，常常感到愛莫能助。

我原以為阿芳會是一個氣若游絲的小妮子，沒想到推門進來的女孩，聲如洪鐘，動作有稜有角，反應敏鋭，思路清晰，態度倔強。瘦削的她，面色帶點蒼白，但非常健談。問一句，答十句，而且很會自嘲：「那時候戲言一句『瑪利灣是我家』，竟然真的一住就三年。」她説話速度很快，幾乎完全沒有尾音，語氣總是爽朗堅定。

大家都喚阿芳作藥煲。

她的身體狀況可謂五花八門，應有盡有。睡不好是最普遍的。她不時還會無緣無故的頭暈、頭痛、胸口翳悶，常常想吐；還會無緣無故發燒，也曾試過一下子溫度很高。女童院的藥櫃中，就數她的藥瓶佔最多。不足十八歲的阿芳，百病纏身得像個長者。長期病有哮喘、鼻敏感和輕微的心律不正。曾被診斷出的有腦膜炎、盲腸炎和腎炎……但其實有更多更多次，醫生根本查不出病因，只能靠止痛藥捱過去。

兒科、臨牀心理學家、耳鼻喉科、心臟科、精神科、內科……她曾光顧的門診科數目，真是一隻手的手指都數不完。最高紀錄，社工一個月帶她跑三次急症室。「每一次病，我都覺得自己隨時都會死掉啊。」阿芳說。

單單是住女童院的這三年，社工帶她看醫生的次數就超過七十次。阿芳到訪過多家不同的醫院，當然也是區內各私家診所的常客。也許很多長者，都沒有她那麼多經驗。

見醫生的經驗豐富，人生經歷也不遑多讓，自己的身世故事阿芳自言講了無數次，一開口她就可以滔滔不絕。

火爆的基因

阿芳的爸爸和媽媽都是很「火爆」的人。她印象中，二人常常一言不合就開打。

她形容爸爸是一個孩子氣的男人，脾氣暴躁，氣一上來就會打人。有一次扯着她的頭髮把她的頭撞向牆。頭痛欲裂的她頭冒金星，彷彿天崩地裂。往後的日子她不時懷疑，身體那麼多的病痛，尤其老是犯頭痛，會不會是那次被爸爸暴力對待，導致腦震盪？

阿芳的媽媽身體十分虛弱，情緒也不穩。阿芳跟媽媽關係不好，兩個人從不咬弦，相見就是吵，一直吵一直吵，為了洗碗的程序也可以吵得面紅耳熱。粗口橫飛是家常便飯，更甚是無數侮辱的話，口沒遮攔，彼此傷害都深。

社工說，每次與這兩母女共處一室，她都會很緊張。因為十次有九次弄得拍桌子收場。

父母離婚之後，爸爸有時會偷偷跑來找阿芳，她會很生氣：「找我幹嗎？要給我錢嗎？」她覺得爸爸如果沒有好好弄清為什麼婚姻會失敗，就跑回來找她們，即使勉強維持婚姻也沒有什麼意思。

從小，阿芳性格剛烈，就像一個燙手山芋，在爸爸、媽媽、外婆、阿姨、姑姐之間被拋來拋去，似乎一直沒有人想要長久照顧她。這些如人球般過日子的經歷，影響她好深。曾經有一次，一個朋友離家出走，她非常傷心，覺得怎麼遺下了她一個人孤伶伶。後來才明白是那種從小被遺棄的經驗，致使她時刻受不了被遺落。

由於沒有人能好好照顧阿芳，她後來就住進了兒童院舍。

人球尋找落腳地

在兒童院舍，她常逃走，職員得費一番功夫才找回來。但找回來之後，原來的院舍也就怕了，不敢再收留她。她只好轉往另一間院舍。周而復始的歷史一再重演。輾輾轉轉，短短十年，阿芳就住過好幾家不同的兒童院舍。

後來有一次，阿芳又再逃得不見蹤影，好不容易找回來後，法官發出了兒童保護令，她被判了入女童院。

女童院的職員見着阿芳就覺得頭痛。情緒很大、脾氣很壞，常常都不開心。除了有事沒事都嚷着這兒不舒服那兒不舒服，剛進來時的阿芳還十分反叛，不按規矩，常試職員底線。除了偷偷跑去穿舌環，她也試過「爆櫃」偷電話。她笑自己：「一係唔衰，一衰就衰最勁嘅。」。

住女童院期間，阿芳也逃，有時跑去住朋友家，有時跑去住男友家。但她很聰明，只逃一、兩天就現身。洞悉情況的她曉得，如果只是失蹤一、兩天，女童院和媽媽多數都會隻眼開隻眼閉——畢竟媽媽也覺得到警察局去落口供好不麻煩。

但是，有一次，阿芳逃了好幾天都未現身。福利官覺得她的情況實在嚴重，要好好懲治，以示警戒。

「那次要罰留假啊。」意思是不准外出，維期三個月。「一知道要罰三個月，我立刻發燒。」

那次發燒，前前後後，也就燒了三個月。她被送進了醫院。醫院翻來覆去的檢查，卻無論如何也查不出病因。

留院十多天，日復一日只有護士進來探問、量心跳、給藥、量血壓……百無聊賴、無所事事的她想了很多。

想啊想的，她忽然領悟，會不會是心病影響身病？

「可能我一想到留假三個月就覺得受不了。而如果我生病，還要是有點嚴重的病，職員就必要帶我去看醫生，那樣，我就可以離開家舍了。」

她的身體，似乎很會配合她的心理需要。

一直就是想要逃

在家她想逃，在兒童院舍她想逃，在女童院她想逃、在醫院她都想逃。

總是沒有一個地方愜意。

「雖然我嘴巴會説自己沒有問題，但我知道自己有問題。」阿芳説即使她在笑，但都不是真正感到開心，她形容自己好奇怪，好像總是無法好好的表達自己。

「只要找到一個自己的缺點，有時我就會一直想一直想，愈想愈沮喪，頹廢很久很久。」雖然説話有點粗聲粗氣，但她形容自己內裏其實多愁善感。

對於她的情緒狀況，阿芳也曾找公營醫院的精神科醫生，但她坦言，每次相隔很久才能見面，根本沒有什麼用。

來到女童院，她可以每星期見臨牀心理學家傾談，她很珍惜每次的見面時間，「有人陪伴、聽我講，讓我訴苦，會好很多。」

她每次都會很觸動，哭成淚人。她最感激臨牀心理學家不會一味説教，而是願意站在她的角度去想，讓她感到被支持。

後來有一天，明明只是拿着海綿洗碗，無緣無故，忽地她就歇斯底里嚎啕大哭。經 2Rs 轉介，她終於有機會去見精神科醫生。

精神科醫生説，她的情緒病有可能是家族遺傳。她的血清原本就不夠，既抑鬱又焦慮，醫生遂開藥給她吃。她記得，那位像個爸爸般慈祥的精神科醫生，總讓她安心。終於有人可以好好照料她的心理需要。

曾經的好孩子

女童院是一個穩定有規律的地方，讓風風火火的阿芳別無選擇地安定下來。她重新專心讀書。阿芳這才記起，其實小時候她很會讀書。

小學的時候因為腦筋不錯，數學特別出色，珠心算班奧數班都有她的份兒。父母沒有時間理她，遂把她放到不同的興趣班，英文文法班，拼音班……底子竟不知不覺被打得厚實。她更曾經是舞台上的寵兒，從幼稚園到小學，她一直在台上表演跳舞。從中國舞跳到街舞。多才多藝的她，還會彈琴呢。她得過的獎狀與證書多得可以放滿厚厚兩個文件夾。

「但媽媽從來沒有讚過我。」阿芳始終耿耿於懷。

等啊等的，一直等不到媽媽的認同。慢慢她開始心灰意冷，慢慢開始自暴自棄、慢慢成為那個逃走的孩子、慢慢身體變壞……

在舞台上找到自己

女童院主辦的 Music in Life 計劃，讓阿芳有機會回到舞台。

手握咪高峰，阿芳開始唱歌。未足十八歲的她，經歷實在是多，以致歌聲竟有一種滄桑感。低沉磁性的嗓音唱出一種深深的愁懷。在台上，阿芳是有魅力的，她自己也知道。她不只珍惜每一個上台唱歌的機會，她更會努力去爭取獨唱的機會：「我很享受表演，它給我一種優越感。」

在台上的阿芳很淡定，她很高興，多少次，她安然地享受着無盡的掌聲。自己終於有些亮點讓人看見。音樂給她的快樂，竟使抑鬱的狀況也大大改善。

自從被音樂擁抱，並得到院舍臨牀心理學家、2Rs 精神科醫生的合力治療之後，阿芳有些地方確實是不同了。

那份認同與鼓勵，不知道可否彌補沒有被媽媽欣賞的遺憾。

日子會愈來愈好。然而，造物總是弄人。

未幾，她失聲了。後來更是痛得連呼吸時，喉嚨也會疼痛。疾病彷彿從來沒有停止追着她跑，命運好像總是要捉弄她。

2Rs 專科醫生説，她左右聲帶各長了一粒繭。但繭不夠大，未能進行切除手術。她唯一可以做的，是讓喉嚨休息。亦即是説，不可以唱歌。

這些年來治癒她的藥方，竟就這樣無情地被拿走了，旁人全都替她惋惜與焦躁。

但阿芳竟然頗坦然：「或許是時候試試其他事情。」絕不可小覷這小妮子的能耐。

大家都笑說，她休息前最後的那場公開演出，是她的告別演唱會。

其實告別的並不只唱歌，更是一個階段的告別。

因為很多事情，從那時開始，緩慢地轉變。

最明顯的是，以前常常缺課的她，開始穩定上學，連遲到也鮮少發生。

一個階段的告別

以往，她總覺得是別人的錯鑄成她的痛苦。爸爸對自己不好，媽媽有負於自己。怨天由人卻只是一步步的把自己推向深淵。在女童院與其他女孩磨合的日子，讓她明白一件事：媽媽是無法改變的，家人的狀況也只會如此，要求外人改變是癡心妄想。即便不甘心，她慢慢學會面對自己，為自己負責。

自從在女童院安定下來後，她開始看到自己的不足。以前，阿芳從沒間斷地拍拖，彷彿不能寂寞，其實也是逃離的一種方式。

「我無法忍受沒有人陪伴。」她一直以來都有人追求。這個不合，分了，就換另一個，也不讓自己有傷心的時間。她總是愛得轟轟烈烈，分開時也斬釘截鐵。曾經，她為了一個前度去跳海。但慢慢地，阿芳覺得可以一個人了。

「我現在能夠一個人看看戲，讀讀書。」

「我不想由藥物控制我。」人更穩定之後，阿芳開始想，不吃抗抑鬱藥可以嗎？

不同的藥物給她很多不同的副作用。有的藥物令她暴食；有的藥物令她亢奮，在學校動來動去，無法上課；也有的藥物令她很累，怎麼睡都不夠。

她跟 2Rs 精神科醫生商量不想依賴藥物的想法，開通又明事理的精神科醫生完全明白，也感到她在家舍這三年的確脱胎換骨，遂開始幫她循序漸進地減藥。減藥不是一件容易的事，幸有醫生密切的關心與環境的支援。

一粒。

半粒。

不吃。

她一一用意志走過，絕對是一個里程碑。

鼓起勇氣回家

逃了那麼多年，在她情緒更為穩定之後，她開始考慮回家住。這需要勇氣、智慧與支援。

女童院的姑娘成為她全力的支持，美好的緩衝、最強的後盾，給她作最周全的心理準備，細密地安排她一步一步練習和適應回家之路。整個過程一點都不容易。

起初是一個星期回家兩天。

與媽媽住在同一屋簷下，她發現自己每次醒來都會全身繃緊，大概全晚都是身體僵硬地入睡。「在家裏睡覺我總是很緊張，對着自己媽媽也會有所防備，我不確定她會對我做什麼。」

然後安排一個星期回去三天。

即便阿芳很努力想要改變應付媽媽的方式，讓彼此關係沒那麼惡劣。甚至在各方努力下，也已經可以很坦白的向媽媽要求：「你應該要多説些讚美我的話。」而媽媽也真的開始學習説：「做飯做得不錯哦。」

她開始試試連續一個星期……

原來，過去發生的種種，無法改變，無法抹去，甚至無法原諒。她只能學習接受。適應總是緩慢。

在女童院的社工持續的扶持與支援下，一直想要逃離的她，終於，回去了。

學會長大

還是想離開。

喜歡畫畫的她，有考慮過讀設計。「我想到台灣讀書和生活。」她覺得台灣是一個比較純樸的地方，人事比較簡單。已經跟家人困獸鬥十多年的阿芳直言，再也不想這樣鬥下去。離開這裏，可能會更好。

阿芳想要明年到台灣讀書。父母起初不太支持，慢慢似乎也軟化了。她很有決心，甚至把煙也戒掉。「煙太貴了，我要多儲點錢。」她説，以前浪費了太多時間，現在只想快點升讀大學。

小時候為媽媽的讚賞而讀書，在媽媽的陰影底下而讀書。現在，她為自己而讀書。她開始努力掌控自己的生命，為自己負責。

關於未來，她説：「我對婚姻既充滿憧憬，也滿是恐懼。」想要一個人陪伴她，但也很擔心不懂得維繫一段持久的關係。畢竟，阿芳的父母並非成功例子。

她很愛小孩，但也不太敢生小孩。她知道兩個人之間，一旦多了一個小孩，原有的人生觀價值觀都會受衝擊。「我很擔心自己會變得像父母一樣。」很成熟的她説罷，頭歪一歪，想了一想，隨即搖搖頭：「不會，不會。我知道我不會變得跟我父母一樣。因為我會給我的孩子很多很多愛。」

以前，總是仰着頭等父母的愛，現在她學會愛自己。

以前，她等父母引領自己，現在她不但為自己負責，有時還可以引導父母。

「很好笑，有時候，我叫爸爸媽媽，他們不理睬我，反而直呼其名，他們才懂得回應我。」

「陳明，你走得沒有？」

「李美美，你想清楚要什麼沒有？」

滄海桑田，在家舍及女童院的感染下，阿芳換了個人似的。或許，還已經長得比父母更為成熟。

阿芳的現況

阿芳的父母性格剛烈，常吵架打架，最終離異。因母親患有情緒病，阿芳自幼便交給親戚照顧，如人球般沒一處住得長久，亦曾被家人體罰，不愉快的心情也滋長。她患有一大堆身體毛病，有些是遺傳的、有些是情緒引發的；頭痛時，她歸咎是曾受虐（打）的後遺症。社工推薦下，2Rs 家庭醫生轉介個案給 2Rs 精神科醫生及院內心理學家，一併評估治療，結果診斷阿芳患抑鬱症，有處方藥物（長達一年至離院）。院舍的社工亦提供密集的輔導及陪伴。

此外，院舍提供的 Music in Life 計劃，培養孩子對音樂的興趣，以音樂及歌詞表達內心的感受及想法，讓她藉此抒發情緒。服藥後，情緒變得穩定，可以更專心考試；唱歌讓她增加自信，並釋放壓抑的情緒。當情緒平穩後，對自己的病情更了解，開始參與個人的治療計劃。亦因藥物帶來副作用，與精神科醫生商討減藥的方案。不久又因喉嚨出現問題，不便唱歌，也能泰然接受，不再自怨自艾，更開始思索自己的前途。

各方面穩定下來，與家舍導師及社工建立了信任及正面的關係後，阿芳願意嘗試與母親重修裂痕。離院後與家人團聚，繼續在毗鄰校舍升學，為夢想及日後出路積極準備。

抑鬱症

人總有傷心的時候，但這些感覺通常不會持續超過兩星期，不致過度而影響我們的日常生活。假如人長期處於情緒低落的狀態，失去對事物、活動的興趣，甚至影響日常生活、社交或學業成績，則有可能是患上了抑鬱症的先兆。抑鬱症的症狀及嚴重程度因人而異；常見的症狀包括：

- 持續憂傷、焦慮或感到空虛；
- 對平常喜歡的活動失去興趣；
- 精神變差、疲倦、節奏轉慢；
- 感到悲觀、內疚、無助；
- 難以集中精神；
- 失去自信心；
- 失眠、早醒，或過長時間睡眠；
- 胃口及 / 或體重下降或上升；
- 有自殺或死亡的想法或試圖自殺。

簡單來説，若出現多項上述情形，可能是患上抑鬱症的表現。若有懷疑，請向醫生查詢。

第二人生

子逸

撰文：陳凌軒

約見子逸前，職員告訴我不用太準時到達，職員尷尬地說，一般而言，子逸都會遲到。

那個早上，我果然在家舍陽光明媚的房間裏等了好一會兒，子逸才姍姍來遲。他一臉歉疚。「不好意思，不好意思，昨夜在咖啡店工作得太夜了，起不了牀。」

子逸住的是「在職青年宿舍」。

由小學開始住在家舍，一直住到十八歲。取了成年身分證，並不代表每個孩子已經可以獨立生活。在職青年宿舍就是為既不能回家，又未能獨立生活的青年所提供的短暫住宿計劃。

由亂攤子到整齊

因為家人無法照顧，子逸由兒童宿舍住到青年宿舍。宿舍職員看着他長大，都對他很熟悉。對於他的成長過程，說不好比他父母看得更仔細。

子逸的父母分別患有情緒病和精神病，情緒上已經自顧不暇，實在顧不好子逸。一說起家庭，子逸立刻搖搖頭：「好亂，家裏好亂。」

媽媽很愛購物，會把買回來的東西塞到家中每個角落，牀上、椅下、桌下，都有機會找到媽媽的戰利品。而媽媽不太曉得把東西分類。廚房的東西有時會在客廳的櫃找到，廁所常用的東西有時會在廚櫃出現。新的碟子則會被舊報紙包成一堆一堆……所以子逸形容，家裏就是一片混亂。

根據各人包括子逸自己的形容，他總是丟三落四，甩甩漏漏。

讀書一直都沒有法子專心，成績很不理想。而且習慣了依賴，習慣了被照顧與被安排的他，連把上學要用的東西帶齊，都困難重重。

曾經有一次，只因為上學前找不到手冊，他在家舍尖叫兼大發脾氣，哭哭鬧鬧說不要上學了。家舍家長要花很大很大的耐心去安撫他。「那次遲大到啊！」他記得。

從小沒有執拾整齊的環境，也欠缺執拾的訓練。小學時，進入家舍被要求自己收拾櫃子，清潔房間，根本是一項他欠缺的生活技能。子逸覺得，家舍給了他最重要的東西，正是教會了他自律與自理。

在家舍，他要自己執牀，自己預備飯菜。他慢慢地學會為自己負責任。

為了避免常常忘東忘西，社工們教他在牀邊貼一張大大的紙，記下第二天要做的事、要帶的東西。他一起牀睜大眼，就可以對這一天要做的事、要帶的東西一目了然。他說，這方法非常管用。

專心就是挑戰

在家舍那麼多年，生活上的一些細節，總算像樣一點了。

但畢業後去找工作，卻又老出岔子。

讀書時，常遲到，最多記過，他可能覺得沒什麼大不了。上班常遲到，老闆受不了要辭退他，影響可就大了。

社工說：「子逸其實是聰明的，但老是遲到、不集中、會偷懶。」社工幫他安排實習機會，但總是收到投訴。

去當辦公室助理，老闆叫他拿些傳單到隔鄰的街道派，他看一看說：「太重了，我拿不動。」

去兒童興趣班做助理，要幫導師執拾教具，卻總是執不好，幫不到老師。

去把貨物上架，本來十五分鐘該可以完成的工作，他搞了半天都沒有進展，讓老闆都傻了眼。

社工說，他欠缺準備與組織的能力。社工去幫他說情，希望起碼有一間公司肯連續僱用他一年，讓他的履歷表好看一點。

終於，在一間咖啡店找到一份工，似乎做得不錯。「我喜歡食物，在食店工作很適合我。」但仍然有一個問題。咖啡店有一塊偌大的玻璃，沖咖啡的時候，他抬頭就可以看到街景。人來人往，車水馬龍，一街都是風景，處處都是故事。常常，他一抬頭，就被街外風光吸引，靈魂就飄了出去。

「專心一點、專心一點！」他常常要這樣提醒自己。

都是病惹的禍

然後，他想起小時候。

他記得，小時候在斗大的家裏，爸爸總是開着電視，電視聲常年充塞整個房子。放學回家，電視機前面就會放一張小摺枱，爸爸要他專心做功課。功課攤開了，鉛筆握在手上了，但子逸總是聽到電視聲，電視聲就是誘人。他忍不住抬頭看了一眼，暴躁的爸爸就狠狠的罵他，要他低頭繼續做功課。他低頭看着功課，但很快，電視的聲音又戰勝了……

這個細節，他總是記得。

家裏的一些小習慣，會跟着一個人很久很久。

中三的時候，他曾在公立醫院被確診專注力失調及過度活躍症（即ADHD）。

但媽媽不給他服藥，擔心吃過藥，大家就會說他是精神病，也擔心他一輩子也要看精神科。夫婦二人都被精神科藥物糾纏大半生，不想孩子又要跟這些藥物有瓜葛。

幾年之後，入住了家舍，子逸被轉介入 2Rs 的計劃。2Rs 的精神科醫生不但給他開藥，還耐心地向他解釋這藥的作用，令他比較有信心服藥。

服過藥，確有助集中精神。但他還是想停藥。他跟醫生說吃藥後，心情會不好，胃口也受影響。

精神科醫生很用心的跟他談，想要了解背後會不會還有什麼原因。耐心的了解後發現，原來除了生理上的不舒服外，還有更深的糾纏在起作用：「我真的不想像我媽媽一樣。」

因為情緒病，媽媽也吃很多藥，有一款跟他吃的一樣。他擔心自己會愈來愈像媽媽。醫生明白這心理之後，就告訴他，媽媽吃很多種藥，那些副作用應該是來自其他藥物，着他不用擔心，他才放心用藥。

不要像爸爸媽媽

子逸說，媽媽很囉唆很長氣：「她是個標準的口水婆。」而且，媽媽所說的話總是令人難受。

有一次子逸說不回家度假了，媽媽就會說：「唉。我在家裏也沒有用，沒有人會理我，生存根本沒有意義。唉，不如從天台跳下去好了。」子逸覺得這些話很煩人。

媽媽終日自怨自艾，爸爸大起大落的暴烈情緒，均令子逸很難受。「如果一直待在家裏，我可能會崩潰。」子逸很慶幸自己有機會住進家舍，他說：「要不然，我可能跟他們一樣要去看精神科。」

由於媽媽說話總是很負面，而子逸又自知自己的情緒很易被影響，每次回家見面都不開心，甚至會致電回家舍說他想要早點回來。子逸現在會儘量減少與媽媽見面的密度。「一個星期見一次也太多了。兩個星期勉強可以。」。

子逸覺得家舍有規律作息的環境，令他可以比較理性看待世界。「家舍給我機會過另一種生活。」

家裏所得不到的關心和愛，他在家舍可以得到。家舍的職員給了他很多支援。過時過節，與家舍的孩子一起過，還比較愜意。

「在家舍，我認識了不同的孩子，當我看見其實很多孩子比我更可憐，自己其實並不算是最慘，就不會那麼自憐。」子逸說在家舍的孩子背景接近，彼此更加互相明白，比較容易交到朋友。「家裏有錢，有父母疼愛的孩子，根本沒法明白我們這些人。」

看清人生　重獲自由

除了精神科醫生，他也有見不同的臨牀心理學家。「跟其他人聊天，很難找到人明白。但臨牀心理學家會很耐心地聽我訴説，有人聆聽和關心的感覺真的很好。」他説，曾經有一個來宿舍的實習臨牀心理學家在實習完離開後，還會寫信給他，令他感到很窩心。

以前生活沒有什麼方向，滑滑手機發發呆就過一天。他自言，過去如有人想要訪問他，他的反應一定是：「不要搞我。」現在，他覺得表達一下也無妨。他忽然拋出一句很有意思的話：「只要想清楚自己想怎樣，你就可以有自由。」他解釋：「我小時候，讀書不知為了什麼，總是過一天算一天，玩了再算。」但現在，他開始想將來，反而就有了動力。

關於將來，他說他想過要做與小朋友有關的工作。「因為小朋友很天真，很簡單，我真的很喜歡小朋友。」他有想過要去上一些相關課程，拿張證書，然後去找兒童 Playgroup 工作。試過很多工作都做不長，我問他有信心應付這樣的工作嗎？他尷尬道：「我喜歡唱歌，應該有幫助吧？」

掌握自己的未來

關於將來，他說現在最重要的是努力儲錢找地方住。年滿廿一歲，就得離開在職青年宿舍了。社工幫助子逸安排日後的住屋問題。是租屋還是申請入住青年宿舍呢？各有難處。

不過，無論結果會到哪兒住，子逸已經決定了一定不會回家住。他強調不是與家人斷絕聯絡，家人還是家人，他一定會回去約父母飲茶的，只是非常確定不會回家住。「我不想再受父母的負面影響。」子逸說，哥哥是前車可鑑。哥哥在家舍住的時候，情緒穩定，人也愈發有了上進心。但離開家舍回家與父母同住，不斷聽着母親無止盡的抱怨，父親不時鬧脾氣兼亂丟東西。哥哥的狀況愈來愈差，精神恍惚似的。子逸看着看着，心裏盤算，千萬不要重蹈覆轍。

搬出來住，子逸有興奮期待，也有擔心憂慮。

擔心憂慮的是，自己懂不懂分配收入與支出？財政方面會有困難嗎？還有，很實際的是：「我會不會起不了牀，然後上班遲到被炒魷魚？」子逸靦腆地笑：「或許，我要把鬧鐘再調早兩小時，不知道有沒有幫助。」

縱然有所憂心，內心也是有所期待的。正如他自己所說，入住家舍讓他有了第二次機會去過人生。家舍給了他十年的滋養與訓練，會否長成一棵結果的樹，往後就要看他自己了。

子逸的現況

父母皆有情緒 / 精神問題，照顧不足，自小就入住兒童院舍。求學時期已診斷為 ADHD，服藥一段時間後，父母不願孩子跟自己一樣，便停藥了。成年後進入職場（入住院內青年宿舍），僱主反映他不能專注、按時完成任務，工作表現令人懷疑。在宿舍亦因滑手機問題，影響睡眠，遲到上班、不懂表達內心鬱結，亦缺乏動力。

求學時期，家舍曾安排實習心理學家輔導。成年後，社工推薦個案給 2Rs，經家庭醫生先後轉介個案給 2Rs 心理學家及精神科醫生，也診斷為專注力不足，有處方藥物。服藥後，子逸能專注完成任務，但副作用如發呆疲倦等，令自己、家舍職員及家人都不能接受。了解自己情況後，子逸決定停藥，離院前的一段時間已沒有服藥，但他承諾憑意志戰勝專注力不足及其他陋習。在家舍協助下，訂立目標，與朋友搬出自立生活。

注意力不足 / 過動症，不專注主顯型

患者需符合以下六個症狀（或更多），至少持續六個月，其表現與成長水平不一致，並對社交、學業產生負面影響。對於青年和成年人（十七歲及以上），至少符合五個症狀。但不符合過動 / 衝動之準則。

這些症狀不是純出於對立、反抗、敵意或無法理解的表現。

1. 通常因忽略細節、粗心大意而出錯。

2. 難以保持注意力（如上課或閱讀時）。

3. 即使對話時，在沒有明顯干擾下，也不能集中，心不在焉。

4. 無法跟隨指示、獨立完成任務（如開始功課後，很快便分心）。

5. 缺乏組織力、無條理、難以按次序處理任務；不善管理時間，無法按時完成任務。

6. 不喜歡並避免需要長時間的任務（如做功課、閱讀較長的文章）。

7. 常遺失所需物品（如書本、文具）。

8. 容易受外來刺激的干擾而分心。

9. 日常活動中容易健忘（如家務、回電話）。

家舍家長的心聲

撰文：陳凌軒

住家舍的日子，孩子們最想要感謝的，往往是「家舍家長」。

當這些身心受創的孩子因為各種各樣的原因離開原生家庭，離開親生父母，家舍家長就成為他們的代家長。

家舍家長，除了日常生活上照顧孩子，更在心理上給予很多愛的彌補。

究竟，家舍家長是怎樣的一個角色？

每個孩子都獨特

Eunice，當家舍家長快五年了。Eunice 覺得，家舍家長是一份可以一直做下去的工作，因為每天都學到新的事物。

原本在生物科技公司上班的 Eunice，因為公司倒閉要尋找新工作，碰巧遇上曾當過家舍家長的舊同學，那位舊同學說：「你工作時很認真工作，玩的時候又很認真玩，可能適合當家舍家長呢。」於是，Eunice 在舊同學的介紹下當上家長。

家長、朋友和玩伴

一個家舍，由三個家舍家長負責照顧十二至十三位孩子，輪流當值。

平均來説，一個月上班十天，通常每更十多個小時。「最長試過一更就二十七個小時呢。」Eunice 説。

家舍家長的工作範圍很闊，簡單來説，包括衣食住行各方面。孩子們的校服不稱身了、鞋襪不合穿了，家舍家長會帶孩子們去添置。每頓飯給孩子煮什麼，或跟她們一起煮什麼，或什麼時候給她們加餸，都由家舍家長打點。要換身分證或領證件等，家舍家長也要操心。什麼時候換牀單，什麼時候上牀睡覺等，由家舍家長來管理。

真的就是一個家長所做的大部分工作了。

「有時候，我要當她們的家長；有時候，我要當她們的朋友；有時候，我要當她們的玩伴；有時候，我又要提供心理輔導。」Eunice 說。

每天思考孩子的需要

Eunice 說，家舍家長的工作不是接受過有系統的訓練便勝任，還需要時常摸索適合與孩子相處及教導的方式。她說初入行時，曾經感到很沮喪，常常覺得有心無力。「為什麼我每天上班就是不停的罵人？」她不喜歡自己這樣的工作狀態。

想辭職了，幾乎就要拍板離去了，孩子們卻似乎感應到似的，忽地全部變乖寶寶，像小天使一樣，自己執拾、自己做飯。Eunice 心念一轉：「或許這些孩子，仍是可以教的。」

她努力思考，家舍家長這個身分的意義。

孩子們想要怎樣的一個家長？

Eunice 開始回想自己的媽媽，「我會希望自己的媽媽怎麼待我呢？」遂把喜歡媽媽的種種，都放到孩子們身上；不喜歡媽媽的種種，則小心避過。

她發現，最重要的是要多陪她們玩：「因為在玩的過程中，最能夠看到她們的性格和特點，從而建立關係。」要明白她們，才會知道如何教導她們。

她舉例説，有一個女孩，聰明而語文能力高，但凡她有事情，Eunice 就會視她如成人般坐下來討論；但另一個女孩，有過度活躍症而且情緒非常暴躁，跟她説道理她也聽不進去，「那只好等她爆發。」Eunice 説。因為只有那樣，她才會看到她的行為如何影響自己，影響別人。

Eunice 坦言，家舍家長這份工，挑戰很大：「頭半年，真的是不斷想辭職呢。」

自己既年輕，又未有小孩，卻要同時當上十多個情緒受傷小孩的代家長，哪來的能耐？

原來，Eunice 在家裏是大家姐，一直照顧比自己小五、六歲的弟妹，及小十三、四年的表弟妹，對照顧小孩，她其實是很有經驗的。即便如今大家都長大了，家裏要買禮物給長輩啊什麼的，都是由 Eunice 來張羅。這些統籌孩子的經驗，是 Eunice 應付家舍孩子的底氣。

每個孩子都獨特

入職半年之後，以為自己已經上了軌道，掌握到管教的門路了，卻迎來至今令她最深刻的女孩。

「照顧那個女孩，我第一個月就瘦了十磅。」

Eunice 說，這個女孩，情緒非常不穩。每天放學回來就大喊、大叫、甚至踢門。「曾經，從下午四時放學到晚上十時上牀睡覺，整整六個小時，我就只處理她一個人。」Eunice 那時候會自問自己在做什麼？

Eunice 用四年的時間去教她、愛她、感染她。

四年過去，由每個同事見到那個女孩都怕怕，到今天每個人都異口同聲讚賞那女孩乖巧了很多，有禮貌了很多。

「這個工作，可以帶來很大的滿足感。」Eunice 甜甜的笑。

當家舍家長之前，Eunice 以為所有孩子都跟自己小時候一樣，只要努力讀書，成績就一定會好；如果成績不好，一定是因為她不夠努力。

但是，當了家舍家長之後，她才知道，原來世界上有學習障礙、過度活躍症、自閉症……等病，而且這些障礙，真的會直接影響孩子的學習能力。於是，她也學會調整自己的要求，尊重每一個孩子的獨特性。

如果你是我媽媽

不時會有孩子對家舍家長說：「如果你是我媽媽就好了。」或「如果我媽媽像你一樣就好了。」每逢聽到這些話，Eunice 都會覺得很心酸：「始終有一天，我一定會離開她們的。」

有一次，在街上，有個陌生人不知跟幾個女孩說了些什麼，女孩們指着 Eunice：「你問我媽咪。」

每次女孩喚 Eunice 媽咪，她都很有意識地不回應她們，一定要她們改口叫姐姐才回應。

Eunice 明白，孩子們想要媽媽的心情，但她清楚自己的位置，不想讓孩子混淆了關係與期望。

她經常打電話給孩子們的媽媽，讓母親們知道，孩子們想念她們。孩子們成績進步了、運動會拿了獎牌、學會了煎蛋……Eunice 會給她們拍照，傳給她們的家人看。「我希望家長知道孩子們的進步，生活的點滴。」Eunice 説。

剛進家舍之初，很多孩子睡覺時都會蜷縮起來，四周還要用毛公仔圍着自己，Eunice 看了就心痛，明白她們的安全感薄弱。

出於本能，Eunice 形容自己「會把愛儘量『�』給孩子。」

有時看到有些孩子視她的付出為理所當然，她會傷心。但更多時候，見到這些孩子，慢慢儲起安全感，睡覺時變得輕鬆自在，她會感到很開心。

愛孩子如愛自己

桂嬋是資深的家舍家長。

本來在寫字樓做文職工作的桂嬋，在教會看到有家舍家長這個職業，就眼睛發亮，很想要入行。「當時未有空缺，我就先到家舍做一年義工，等有空缺立刻就入職。」桂嬋說。

桂嬋初聽到「家舍」，立刻就聯想到小時候很喜歡的卡通片小甜甜的「保兒之家」，她覺得孤兒也不一定很可憐，她說：「與父母常衝突還比較慘。」

對於家舍的孩子，桂嬋覺得自己很明白她們。

小時候，桂嬋和父母的關係也不太好。父母極端地重男輕女，她偏偏不會忍氣吞聲，不想忍辱負重，常常直接面質父母：「你偏心！」

桂嬋笑說，爸爸看到她，會生氣得飯也吃不下。

從小在這樣的環境下成長，她明白當中的辛酸與難過，也就特別想要給同樣受苦的孩子，另一種童年的經驗。

桂嬋說：「這些女孩，心底裏總是期望父母的肯定，覺得只要父母看自己一眼，自己就會乖，自己就會聽話。」但她很努力讓孩子明白，首要任務不是眼巴巴等父母的愛，而是先做好自己，先「搞掂」自己。「如果你不改變，家人肯定不會改變。」她以過來人的身分說：「自己好過來了，活出顏色來了，才反而有一絲絲機會改變父母。」

愛他們像愛兒時的自己

住家舍的孩子們會按能力分擔家務，例如每頓飯吃完，都得自己收拾。

然而，平日早餐之後，桂嬋會儘量幫孩子收拾。「我希望她們可以好好享受一頓早餐，開開心心的步出這個門口去上學。」

桂嬋一直像愛小時候的自己一樣地愛孩子。

她笑說，有時，女孩會利用她這點，然後吩咐她：「幫我沖杯咖啡。」

人心肉做。有一次，桂嬋有事要趕着離開家舍，女孩主動說：「你快走，我幫你收拾。」

生命始終會影響到生命。

以前，桂嬋會要求孩子達到某個目標，如果孩子做不到，她就會認為是孩子的問題。但工作愈久，她愈益不再只是一味指責孩子，而是會去探問，究竟如何引導，才會令孩子們可以做得更好？尤其是對於這些受傷的孩子，她知道，不可以罰，但同時又不可以犯錯沒有後果。她每天都要費煞思量。

沒有人是先讀一個課程才來當家舍家長的，每個家長都是邊做邊摸出自己的門道。

桂嬋特別喜歡這種工作模式。她自稱學歷不高，笑説拿着書本學的工作不適合她，她特別喜歡家舍家長這份工作。這是以經驗學習模式的，有點像是學徒制，來的時候就聽前輩講的經驗，然後自己又試試看是否適合自己，完全是從經驗中學習。

桂嬋記得，有一次帶孩子們參加大型活動，一個男生遲到，桂嬋見有位就招呼他坐下來，男生卻鬧彆扭，無論如何不肯坐下去，叫他坐，迫他坐，勸他坐，均不果。後來孩子還發了一場脾氣。早期的桂嬋遇着這樣的問題，會認為一定是孩子太固執，肯定是孩子的問題。但做久了，經過歷練，她更會從孩子的角度去想事情。用她的獨門技巧跟孩子傾談，她三兩下就理出頭緒。原來，小五的男生，剛意識到自己與異性的分別，看見被安排的位置周遭全是女生，尷尬不已，但又羞於提出，遂變得有點無理取鬧。幸好桂嬋經驗老到，讀懂了他。

多少孩子，就是這樣一次又一次地被讀懂，一次又一次地被明白，從而修補了一直欠缺的安全感。

愛他們多過愛自己

對桂嬋來說，這份工作讓她不斷遇見新鮮的事情，學到新的經驗。「每天都有無窮無盡的變化，肯定不會悶。」她滿意地笑。

桂嬋說，當家舍家長，既要有創意又要有精力。

有時候，做了一頓飯，孩子卻不愛吃，她不想把食物浪費掉，就會思忖一些方法。「有一次，我把她們不愛吃的豬肉餅切碎用來煮粥；又有一次她們嫌買回來的麵包太硬不好吃，我就加菠蘿和午餐肉，她們吃的很滋味。」

在食物方面，桂嬋一直運用她的巧思，讓孩子該吃的，都要吃到。有些女孩不愛吃水果，但她認為水果實在太重要了，一定要吃一些。於是桂嬋偶而拿水果打成果汁，或是做水果沙律給她們吃。

「要肯愛他們多於愛自己。」桂嬋説得簡單，但要這樣給出愛，其實還要很多精力和體力。

桂嬋坦言，有時候自己明明很睏了，但孩子們功課未做完，她也會陪孩子們先完成功課才去休息。她説：「如果我把自己的安逸放得先於孩子，就會做得很辛苦。」

單單是滿足孩子們的基本需要，已經是很不容易的工作了，桂嬋有時候還會因應孩子不同的需要，作出額外的犧牲。

桂嬋記得，有個女孩，每每總是入夜了，其他女孩皆入睡了，她才能集中精神做功課。桂嬋沒有罵她，也沒有迫她要跟所有其他人的日程一樣，早睡早起。桂嬋調整自己一般的作息表，為了女孩，自己晚一點睡，陪這個女孩寧靜地完成功課。

這樣的付出，直教很多親生父母也汗顏——而桂嬋還要是一個家長面對十多個孩子啊。

桂嬋又想起了另一個女孩：「我知道這個女孩很想要獨佔我的時間。」於是，每天早上，她會比平常早半個小時起牀，與女孩獨處。

雖然很多孩子，就是在桂嬋這樣額外的付出下回過氣來，站穩陣腳地長大，但她仍不時反問自己，這樣為她們付出合適嗎？會不會反而把她們寵壞？

當家長，從來無法一本天書用到老。每個孩子的狀況不同、每個時期的需要又不一樣，是桂嬋這種不間斷的自省，讓她成為一個有影響力的好家長。

「每個家長都會有自己的特質，有些會煮食，有些擅長音樂……每個人就用自己的恩賜去陪伴孩子就對了。」

受傷的心，加碼的愛

桂嬋覺得這是一份講良心的工作。她用心地疼愛孩子，以至有些離開家舍的孩子，拍拖時會帶女朋友來見她，生了小孩也抱小嬰兒來給她抱，使她甚感安慰。

但這樣無私地愛孩子，並不是每次都有好的回饋，偶而也會傷心。

有一次，她為孩子做這做那，豈料孩子粗暴地回她一句：「你打份工而已！」

不過，畢竟桂嬋經驗豐富，她只心痛了一會，隨即明白，其實這些孩子內裏有很多的不滿足，那些黑洞會讓孩子覺得自己不值得，而不自覺地說出難聽的話。基於明白孩子，她把傷痛放下，假裝聽不到。

她總提醒自己：「不可以為了回報而付出。」

她記得，有一個硬朗好強的女孩，怎麼都不肯讓她靠近，但當她掉牙時竟然哭成個淚人兒，她這才伺機抱抱她，拍拍她的背。有些女孩，傷得太深，即使接收愛也有困難。

不只是要講公平

每天，桂嬋都要處理孩子們無數的投訴：「為什麼她有而我沒有？」「為什麼她一個星期只是拖了一次地，但我要拖兩次？」

但桂嬋心知肚明：「我處事不只是講求公平，更重要是回應孩子們的需要。」

有一次，有個女孩要求桂嬋幫她洗頭。

桂嬋對這樣的要求很是納悶：「萬一我幫她洗頭之後，另外十一個女孩也跟着提出這個要求怎麼辦？」

然而，她知道這個女孩生活特別艱難，自從比自己少一歲的弟弟出生後，母親再沒有幫她洗過一次頭。沒嘗過什麼母愛的她，內心有特別多欠缺。桂嬋很想要在能力範圍以內，給她一點溫暖。

於是，桂嬋那次真的有幫女孩洗頭，她的解釋是：「女孩的頭髮出了一些狀況，我是在幫她試一個新的洗頭方法。」這原因也不是捏造的。

把愛傳出去

有一個女孩教桂嬋忍不住放更多心思、更多精神在她身上。

「這個女孩很特別呀，倔強又固執。表面看是健康的，但內裏很多不舒服。但因為愛逞強，嘴巴鮮少求救。」一說到這個女孩，桂嬋就起勁。她說，女孩還會質問她：「為什麼孩子不可以遲到，但是大人就可以遲到？」桂嬋覺得這個女孩特別有意思，以至她滔滔不絕地說着這個女孩的種種。

頓了一下，桂嬋說：「這個女孩有點像我小時候。」

同樣的跟父母不咬弦，同樣的對被忽視不服氣，同樣要證明自己可以活得更好。

桂嬋說，自己小時候跟家人關係惡劣時，教會的姐妹曾經幫助自己、聆聽自己。「還有人陪我在車站坐到天亮呢！」她説是這樣被關心過，所以長大才繼續成為有用的人。「生命會影響生命，因為我曾經被這樣關心過，所以我知道這樣的關心是帶着力量的。」

桂嬋用這份信念當家舍家長，無條件地為這些孩子付出，修補着一顆顆受傷的心。説不定，受惠於她的孩子，也會把愛這樣一步一步的傳下去。

後記：眾志成城培育人

非洲有句諺語：「要有一個村莊，才能養育一個孩子。」（It takes a village to raise a child.）這句話説的是一般的下一代，何況本書的主角是有特殊需要的一羣，他們因着各種原因，需要入住院舍，才能得到起碼的照顧、保護、教育和治療。

讀者閱畢本書一個個在院舍生活的少男少女，在 2Rs 計劃的支援和協助下，最終尋獲新生的故事後，相信對這些少年的艱辛成長，多了些具體實際的認識，對他們在黑暗中怎樣逐漸邁開腳步，藉在旁人的扶持走出陰霾見到曙光，感到鼓舞。

想要告訴大家，這些孩子的這段道路，是絕不容易走的。他們歷經混亂、徬徨、痛苦、黑暗、憤怒、挫敗、焦慮、抑鬱和悔咎等交雜的情緒，充滿血與淚的成長期，然後才走到今天。

故事中的孩子可能暫時過關，然而人生前面還有很長的道路要走，可能到時才遇到真正的考驗。而且，書中沒有提到，社會上和院舍裏還有無數孩子仍在苦苦掙扎，未找到出路……圓滿理想的結局，從來不會一蹴即至。書中主角幾經努力，取得初步成果，也並非必然。人生從來就是艱苦的。

而且，書中沒有提到，社會上和院舍裏還有無數孩子仍在苦苦掙扎，未找到出路……。這個原因有多重。

院舍的少年有些是長期患病，有些行為狂妄古怪，更有些患上足以致命的精神病症（例如厭食症），全部都需要生活於一個安全的環境下，接受持續的關顧和醫治。他們原則上在院舍可以得到足夠和負責任的照顧和服務，而且他們獲得的關注和培育，會較來自家庭及其他社羣的為多。但是院舍，特別是規模較小者，在人手及其他資源缺乏的情況下，無論服務的深廣，都顯得力有不逮、強差人意，距離理想甚遠。

在近年社會政治經濟環境急劇改變，傳統觀念、價值、制度和行為受到挑戰衝擊之際，院舍需肩負的責任更形艱巨。過去一直負責培育少年的機制架構，如大家庭、鄰里、同鄉社團、教會和學校等，都失去作用或逐漸消失，沒法影響新生代。成長中的少年一個個像斷線風箏，隨風飄盪，也猶如無主孤魂，他們往往在社交媒體的虛擬空間，向虛擬的偶像或靠藥物、性愛的刺激，尋求情感的依附和慰藉。他們不自覺地以違反社會常規的行為，表達對社會和環境的抗議。讀懂他們這套語言的，就知道這是他們發出求救訊號的絕命呼喊！

在家庭和學校都無法適應，身心飽受創傷的少年，因出現行為偏差，較嚴重者不是給關進少年拘留所或精神病院，不少就是送進院舍。這些機構的主要功能是控制和醫治，然而隨着近年問題少年身體或精神病態日趨嚴重，機構資源不足和缺乏合作協調，而工作人員應對的訓練不足，少年往往得不到有效幫助他們的服務，結果他們被視為「無法處理」的個案而遭放棄。這些身心都沒有適當治療的少年，被迫送回家庭或丟進社會，自然格格不入，嚴重者在社會和個人都會釀成更大的悲劇。現有的機制顯然無力應付，也不足以處理他們複雜的問題！這就是 2Rs 項目的源起和需要的原因。

面對這羣亟待協助的少年，我們體悟到，要真實提供支援，必需組成較大的團隊，互相協作，針對他們身心複雜的全人需要。我們幾個機構經過多年服務的經驗，在各種混亂困難的境況下，逐漸摸索出 2Rs 計劃這個服務模式，經過前後六年深耕細作的努力，終於初見成效，服務了數百位少男少女。

我們編輯出版這本書，是期望社福界和其他有關部門和機構知道我們的故事，明白 2Rs 的作用和需要。希望我們的工作能啟發青少年工作者在 2Rs 的基礎上，重新思考和策劃他們的服務，讓大家互勵互勉，羣策羣力，在有限的資源下，更有効的發揮作用，幫助下一代走向獨立和新生。

特別要提出的是，2Rs 空有一紙計劃，絕對不能成事。今天我們有此成果，除了有賴站在第一線、與孩子日夜相處的家舍同工外，還要依靠在背後以財力及其他資源給計劃充分支持的人物和機構。沒有這些支援，計劃不可能實現。

我們最想深深感謝的是贊助機構「陳登社會服務基金會」、「黃廷方慈善基金」及「携手扶弱基金」。還有必須感謝和我們緊密合作、提供醫療隊伍的「播道醫院」，最後是義務為我們完成成效研究的「香港公開大學」護理及健康學部研究隊伍。謝謝大家！

陳以衎博士

善牧會院舍有限公司董事會主席

Right Care, Right Time（2Rs）計劃介紹

回首話當年……

回首八年前，或許應該是更長的時間吧。不知有多少個白天或黑夜，瑪利灣的大閘會突然緊急推開，為的是迎接那響着刺耳笛鳴的救護車及警車高速駛入。那羣救護員及警員成為了在院內情緒失控、傷人或意圖自傷的孩子的唯一救援人士。一幕一幕的情境，觸目驚心。

猶記得那一名躁動不安的女孩子，還不到十三歲。往往因無法自控而大吵大嚷，推人推物件。過後又因太內疚而痛哭，懊惱不已。經歷了多次緊急送院後，終於獲得一個接受精神專科檢查的機會。心內一喜，但再看清楚診期原來是九個月之後；我的心又是一沉。孩子，你到底還要受多久的苦？

就在一個悶熱的晚上，與寶血兒童村（前任）院長相約在尖沙咀海旁，談談天，吐吐苦水。赫然發現彼此情境稍有不同，但孩子的苦況相若。一席深談過後，抬頭望上天空，漆黑的天際，卻滿是繁星。

「當我仰觀你手指創造的穹蒼，和你在天上佈置的星辰月亮，世

人算什麼，你竟對他懷念不忘？人子算什麼，你竟對他眷顧周詳？」（聖詠 8：4-5）

把孩子放在那位置，想必是天主對他們的眷顧！把我們放在這個位置，定必是天主要我們多做點什麼吧！「為孩子多做一點」成就了這計劃的初步構思。因着相同的理念，很快播道兒童之家院長亦加入了我們的行列。

有一個很深很深的記憶：與多位熱心的政府官員商討這想法的時候，他們都不期然回應説，服務不是都已經有了嗎？在他們迷惘的眼神中，我彷彿看到他們眼中的孩子只是一堆手腳、頭腦等分散的肢體而已。每一種分類，總有一處治療的地方。我們默然無語，只盤算着應如何令他們明白，每個孩子是一個有血有肉，而且身心靈互相連結的獨立個體。當孩子面對嚴重的困擾時，其身心皆會受到不同程度的影響，一脈相連。我們明白在社署的心理服務部和政府醫院中都有着孩子需要的心理 / 醫療服務。奈何孩子出現了症狀的時候，在最需要治療的時候，卻往往求助無門；又或者要在不同的部門遊走。而各項服務開始的日期又不盡相近，彼此又未必互有交流。最可惜的是作為密切照顧孩子的院舍，卻無法接觸相關的專業人士，白白錯失了有助孩子康復的種種資訊及機會。若非局中人，誰又能真正的理解？誰又能感受那切膚之痛？

千里之行始於足下，頓悟了。

一切就由寫計劃書開始吧！在編寫計劃書的時候，腦海中只重複出現一個念頭：讓孩子在身心出現困難的當刻，就如一般的孩子一樣，給予他們最適切的協助。所以計劃的名稱就直接的叫“Right Care, Right Time（2Rs）”——在最適切的時間，給予孩子最適切的照顧。整個計劃，包括名字，沒有什麼花巧修飾，只是平平白白的道出了孩子的真正需要。

有友好提點我，這樣一個平白如開水的計劃書是找不到贊助機構的。我對這方面認識不太多，心想只要是真心真意，總會遇到一些有心人。我們三位院長深信孩子是被眷顧的，在漆黑的夜空中總有閃亮的星宿在引路。沒有太多的擔憂，反之有很強烈的盼望。不知是否因為這個原因，三位院長在電話的通訊羣組中用了小黃花為標示。小黃花是路邊一株株普通得叫不出名字的小植物，但在盛夏之時卻見它們在綠草間悠然輕曳。或許到今天，三位小花不再小，然而那份悠然的盼望依舊。

尋尋覓覓了好一陣子，多次被不同的部門/贊助機構婉拒。直至有一次參加了由小型社會福利機構關注組召開與社會福利署的會議。當時署長是聶德權先生。會後我們厚顏地留着聶署長，仔細地告訴他院舍孩子的困難及需要，亦娓娓道出我們的構想。聶署長留心地聽着及問了幾個尖鋭的問題。他當時沒有説什麼，只是説他會想想。在那一刻，我們感受到他對孩子的處境相當在意。這個交談之後，我們沒有想得太多，但心卻感覺很踏實。之後一天的下午，收到社署感化組的同事向我們推介携手扶弱基金，並同意我們三會合作申請。我當時顯得很躊躇，因為我們必須要有一個商業公司 / 贊助機構願意承擔一半的資金才可進行申請。我們都是這麼細小的機構，亦沒有什麼名聲或申請的紀錄，哪有商業公司會相信我們？社署同事明白我們的情況，並提供一些可行的方案供我們參考。幸運地我們接觸到陳登社會服務基金會。基金會的兩位陳小姐對院舍孩子的情況格外關注，亦對我們三院舍投了信任的一票。因為得了陳登社會服務基金會及携手扶弱基金對我們的計劃大力支持。第一期的 2Rs 終於可以在 2014 年啟動了。

尋找合作的醫療機構及三院所合作的行政困難遠超我們的想像。但得到無數個天使，包括 2Rs 的項目經理適時的出現，困難又不是太困難。關關難過關關過，困難，我們都記不住了。常掛在我們團隊口邊的，倒是一個又一個慢慢癒合的傷口。每個孩子的治癒過程是漫長的，但每一步卻是刻骨銘心。

2017 年再次得陳登社會服務基金會及黃廷方慈善基金的信任，第二期的 2Rs 又可以開始了。在一個相當奇妙的關係網中，聯繫了香港公開大學護理及健康學部，無償為我們進行一個嚴謹的成效研究。從數據、歸納及分析中，我們又學會了從理性上看到 2Rs 幫助孩子們的成長及進步。瑪利灣中心以往常常出現的鳴笛聲，已在不知不覺間由鼓聲、音樂聲所取代。三所院舍內愈來愈多孩子的歡笑聲，引證了適時適切介入的重要性。我們只盼望 2Rs 可普及到每個住在院舍內的孩子。

2020 年是動盪的一年。從社會層面到個人方面，人人都惶恐不安。然而這數月，孩子都長時間留在家舍中，這裏成了孩子的避風港。無論外邊多大的風與浪，孩子仍可在這裏跑跑跳跳，你追我逐，享受生命，領受平安。今晚又是一個無言的星夜，仍然會想起「當我仰觀你手指創造的穹蒼，和你在天上佈置的星辰月亮」。如此的眷顧，我們三位院長，心裏除了感恩，還只是感恩。

感謝在這多年來陪伴我們走過這段路的每一位。感謝。

寶血兒童村院長　**張銀珊修女**

播道兒童之家院長　**羅美珍女士**

善牧會瑪利灣中心院長　**潘婉玲女士**

傳媒報道

《經濟日報》
2018 年 12 月

《經濟日報 - Topick》
2019 年 1 月

《蘋果日報》
2019 年 6 月

《恩雨之聲》
2019 年 7 月

《成報 - 恩雨之聲》
2020 年 3 月

《Recruit》
2020 年 5 月

《創世電視》
2019 年 7 月
（Part 1）

《創世電視》
2019 年 7 月
（Part 2）

《創世電視》
2019 年 7 月
（Part 3）

《創世電視》
2019 年 7 月
（Part 4）

計劃介紹

故事分享

贊助機構介紹

陳登社會服務基金會（主要贊助機構）

陳登社會服務基金會由陳登先生（1926-2005）於 1997 年成立，致力捐助國內和香港教育、醫療、家庭及長者等多方面的慈善服務。

陳登先生對年輕人的教育及長者的醫療福利特別關心，他深明教育對年輕人和國家未來發展的重要，家庭更是年輕人成長的基石，而長者醫療是必須但昂貴的服務，於是在 1997 年成立陳登社會服務基金會，致力資助各類公益事業。

陳登社會服務基金會自成立以來，以「取諸社會，用諸社會」為宗旨，在過去二十三年來，先後資助多個慈善及公益項目。同時，基金會每年捐款與不同的社會服務機構，定期資助多項慈善事業。

黃廷方慈善基金（贊助機構）

信和集團是香港主要地產發展商之一，其姊妹公司新加坡遠東機構是當地最大的私人發展商。信和集團及遠東機構皆由黃廷方先生創辦。

黃廷方先生一生儉樸勤奮，奉獻社會。2010 年，信和集團主席黃志祥先生為記念先父黃廷方先生，由黃氏家族出資成立了黃廷方慈善基金。

黃廷方慈善基金重點支持教育、醫療、文化、體育、安老等民生發展，注重扶貧濟困，資助弱勢社羣、社會福利事業，致力推動構建可持續發展的健康和諧社會。

黃廷方慈善基金自成立以來在中國內地、香港、新加坡，以及海外等地，廣泛捐助社會公益。